Widmung

Dem ersten Lehrer der Glückseligkeit, unserem Propheten Mohammed,
Allah segne ihn und schenke ihm Heil,
meinem Großvater, meiner Großmutter, Quellen der reinen Glückseligkeit
und meinem Sohn, Faisal, meinem immerwährenden Glück

Über die Autorin:

Taghreed Al-Tasan wurde 1972 in Saudi-Arabien geboren und studierte in den USA Erziehungswissenschaften und Psychologie. Sie arbeitete als Lehrerin und Leiterin einer Kindertagesstätte bevor sie ihre publizistische Tätigkeit aufnahm. Sie ist Geschäftsführerin ihres Verlags Taghreed Publications, in dem auch ihre bisherigen Werke erschienen sind. Taghreed Al-Tasan ist Mitglied in unterschiedlichen gesellschaftlichen Gremien und engagiert sich insbesondere für die Anliegen der Frau in Saudi-Arabien. Sie lebt mit ihrer Familie in Riad.

Taghreed Ibrahim Al-Tasan

Philosophie der Glückseligkeit

www.tredition.de

© 2016 Taghreed Ibrahim Al-Tasan
Titel der arabischen Originalausgabe:
„Falsafat sa'ada"
Erschienen bei Taghreed Publications, Riad 2016
Taghreed.publication@gmail.com
taghreedtassan@gmail.com

Aus dem Arabischen übersetzt von Osama Amin

Lektorat: Susanne Fuß
Umschlaggestaltung: Mohammed Issak

Verlag: tredition GmbH, Hamburg

ISBN
Paperback   978-3-7345-1426-5
Hardcover   978-3-7345-1427-2

Printed in Germany

Inhaltsverzeichnis

Vorwort

Für den Großteil des deutschsprachigen Publikums ist die Literaturszene in Saudi-Arabien noch immer ein weißer Fleck. In der Tat wissen wir im „Westen" nur sehr wenig über das Königreich zwischen dem Roten Meer und dem arabisch-persischen Golf. Die Sorgen, die die Menschen dort bewegen, welche Erwartungen und Hoffnungen sie hegen, wie sich ihr Alltag, ihre Arbeitswelt und ihr Familienleben gestaltet und wie sie über sich und die Welt denken, sind Grundfragen, die europäischen Leserinnen und Lesern nicht nur aus geographischen Gründen fern liegen mögen. Viel zu wenig wissen wir über das Wirken der gesellschaftlichen Kräfte in Saudi-Arabien, die tatsächliche religiöse Situation in diesem Land oder darüber, wie seine Einwohner zu globalen Herausforderungen wie etwa im Umweltschutz oder im Bildungswesen stehen.

Die Schriftstellerin Taghreed Ibrahim Al-Tasan greift diese und viele andere Themen in ihrem neuen Buch mit dem vielversprechenden Titel *Philosophie der Glückseligkeit* (im arabischen Original: *Falsafat sa'ada*) auf. In ihrer Auseinandersetzung damit vereint sie literarisch-poetische, dokumentarische und autobiographische Ansätze gleichermaßen.

Geboren 1972 in Mekka, der für Muslime heiligsten Stadt, lebt und wirkt Al-Tasan heute in der modernen und dynamischen saudischen Metropole Riad. 2007 begann sie zu schreiben, und bereits 2010 veröffentlichte sie ihr erstes Buch zu Fragen der Pubertät und der Globalisierung. Das nun in deutscher Übersetzung vorliegende Werk ist ihr drittes Buch und erschien im arabischen Original 2016.

Mit der *Philosophie der Glückseligkeit* gelingt es der Autorin, selbst komplexe Fragestellungen mit geistigem Scharfsinn und gleichzeitig mit einer beeindruckenden sprachlichen Leichtigkeit zu behandeln. Mühelos evoziert sie die literarischen Bilder, Farben und Wohlgerüche des alten Orients und verquickt sie mit den Anforderungen des modernen Lebens. Zugleich spiegelt ihr Buch aber auch die in der arabischen Welt traditionell hohe Wertschätzung für das gesprochene und geschriebene Wort wider. Dieser Wertschätzung trägt sie durch eine gekonnte Verbindung von Inhalt, Form und sprachlichem Ausdruck Rechnung.

Die Schriftstellerin und Publizistin Al-Tasan knüpft mit ihrer Suche nach dem „Glück" an eine lange Tradition an, die insbesondere zwischen dem 9. und 13. Jahrhundert in der arabisch-islamischen Welt zahlreiche philosophische und theologische Werke zur Thematik „Glück und Glückseligkeit" hervorbrachte. Prominente Beispiele hierfür sind *Das Buch über das Erlangen der Glückseligkeit* des Philosophen und Logikers Farabi (gest. 950), *Das Buch darüber, wie man zum Glück findet und anderen Menschen dazu verhilft* des Philosophen Amiri (gest. 992), *Das Buch der Glückseligkeit* des Ethikers Miskawaih (gest. 1030), *Das Elixier der Glückseligkeit* (auf Persisch) des Theologen und Mystikers Ghazali (gest. 1111) sowie *Der Schlüssel zum Haus der Glückseligkeit* des Theologen und Rechtsgelehrten Ibn Qaiyim al-Dschauziyya (gest. 1350).[1] Dieses Genre einer intellektuellen Ratgeberliteratur, das sich vor allem den großen Fragen widmet, was Glück ist und wie es zu erreichen ist, erhält mit Al-Tasans Buch eine originelle, ganz auf die Moderne zugespitzte Fortsetzung. Ihr Vademecum der Lebensweisheiten setzt sich dabei zum Ziel, das Glück nicht nur zu suchen, sondern zusammen mit ihren Lesern auch zu entdecken.

Mit ihrem nun in deutscher Übersetzung vorliegenden Buch will Taghreed Al-Tasan aber auch die westliche Wahrnehmung arabischer Gesellschaften verändern. Ihre *Philosophie der Glückseligkeit* soll, wie die Autorin einmal sagte, den westlichen Leser gewissermaßen in ihrem Land, ihrer Kultur und ihrer Gesellschaft will-

---

[1] Vgl. auch S. Günther, „Auf der Suche nach dem Elixier der Glückseligkeit: Konzeptionen rationaler und spiritueller Bildung im Klassischen Islam", in: *Theologie und Bildung im Mittelalter*, hrsg. von P. Gemeinhardt und T. Georges, Münster: Aschendorff, 2015, S. 111-128. (= *Archa Verbi. Subsidia* 13).

kommen heißen. Dabei gewährt sie spannende Einblicke in die Gedanken- und Lebenswelten Saudi-Arabiens und lädt ihre Leserinnen und Leser ein, sich auf eine literarische Reise in ein für sie (noch) fremdes Land zu begeben. Insofern ist Al-Tasans Buch nicht nur eine literarische Fundgrube, sondern auch ein hochrelevanter Beitrag zur interkulturellen Begegnung und dem gegenseitigen Verständnis der Menschen in Ost und West.

Im ersten Teil des Buches verzaubert die Autorin, indem sie größere gedankliche Zusammenhänge durch einen einfühlsamen und klaren Erzählstil zugänglich macht. Im zweiten Teil verwendet sie Aphorismen von oft nur wenigen Zeilen. Die Leser des Buches können somit, um beim Vokabular der Autorin zu bleiben, in dem Buch wie in einem Garten wandeln, hier und da neue intellektuelle Früchte entdecken und sich von ihrer Vielfalt anregen lassen kann, um so unsere Welt ein wenig verständlicher und vielleicht auch glücklicher zu machen.

Sebastian Günther
Göttingen im Februar 2016

Welch ein Glück, dass ich eine Frau bin

*Frauen auf Erden, ein ständiges
Geben, mit dem Allah die Samen
bewässert.*

Die Idee zur „Philosophie der Glückseligkeit" entstand bei einer
Veranstaltung, an der teilzunehmen mir eine große Freude war. Im
Oktober 2015 fand in Kuwait eine Konferenz unter dem Titel
„Glücklich, eine Frau zu sein" statt. Auf der Einladungskarte fand
sich folgende Beschreibung: Die erste Unterhaltungs- und Aufklä-
rungsveranstaltung ihrer Art in der Golfregion.

Ich war glücklich, das Frausein aus einem neuen Blickwinkel betrachten zu können. Ich war erfreut zu hören, wie hoch die Stellung der Frau aus einer anderen islamischen Sichtweise war.

Begeistert von dem geistigen Reichtum dieser Deutung, der
mich bis zum letzten Atemzug in den Bann dieser Konferenz zog,
fühlte ich mich wie neugeboren mit einem neuen Verständnis von
Weiblichkeit. Dieses neue Verständnis hat mich noch glücklicher
gemacht, eine Frau zu sein.

Wir brauchen weitere, ähnliche Veranstaltungen, um die geistigen und geistlichen Dimensionen des Phänomens der Weiblichkeit
zu beleuchten, damit wir die wirkliche Bedeutung des Weiblichen
ergründen, die sich nicht allein in einer körperlichen Definition
erschöpft. Wir tun den Frauen Unrecht, wenn wir die Bedeutung
der Weiblichkeit auf eine rein körperliche Ebene reduzieren.

Wir brauchen Programme, die das Selbstwertgefühl der Frau
und die Wertschätzung des Weiblichen stärken. Wir brauchen ein
neues Verständnis, das die Kluft zwischen den Frauen und den
vielen Gesellschaften schließen kann, die in der Frau lediglich „einen schönen Körper mit wenig Verstand" sehen.

Wir müssen erreichen, dass Frauen zunächst im Mittelpunkt der eigenen Betrachtung stehen. Dann können die Experten auf den Gebieten der Religion, der Psychologie, der Soziologie, der Politik und der Wirtschaft der Stellung der Frau ihre Aufmerksamkeit widmen. Erst dann kann ein gesellschaftliches Gleichgewicht erzielt werden und gesellschaftlicher Fortschritt entstehen, der die Philosophie der Glückseligkeit in ihrer schönsten Form verwirklichen wird.

Die Konferenz „Glücklich, eine Frau zu sein" war ein erster Schritt. Werden wir es erleben, dass die Menschen, die hinter dieser Idee standen, daran festhalten, bis sich der Gedanke fest im allgemeinen Bewusstsein etabliert hat?

Wird es Kräfte geben, die diese Idee fördern, um den Bedarf der Gesellschaft an großen schöpferischen Energien zu decken? Ein großes Potential kann erschlossen werden, wenn wir verstehen, was Frauen und Frausein ausmacht.

Das wäre wünschenswert! Wünsche können eines Tages tausend Gesellschaften und eine Million Häuser aufbauen.

Ich bin es wert

*Ich kann alles erreichen, solange
ich überzeugt davon bin, dass
ich mich dessen würdig erweise.*

Ich möchte hier über die enorme Kraft sprechen, die aus der Selbstachtung erwächst.

Es geht um das Selbstwertgefühl, das jeder von uns in unterschiedlichem Maße besitzt. Dieses Gefühl entscheidet über die Mittel, die wir einsetzten, um unsere Ziele zu erreichen. Insofern nehmen sie maßgeblichen Einfluss darauf, ob wir unsere Ziele erreichen oder uns davon entfernen.

Die eigene Wertschätzung, die bei einigen Menschen verschwommen und gering ausgeprägt ist, ist ein aufrichtiges Gefühl, das aus den Tiefen der Seele stammt. Sein Echo gibt uns den Willen, die Energie und die Beharrlichkeit, das Beste anzustreben.

Ein Ziel zu erreichen, hängt nicht von einem glücklichen Zufall ab. Vielmehr ist es eine Gabe Allahs, die uns verliehen wird, genau wie unser Bemühen darum. Denn wir sind es einfach wert.

Selbstachtung ist ein schönes Gefühl. Je mehr wir davon besitzen, desto schneller erreichen wir unser Ziel und desto mehr Erfolg, Vorteile und Freude werden uns zuteil. Das alles hat aber auch mit Gottes Gnade zu tun. Deshalb stellen wir immer wieder fest, dass die Menschen im Leben erfolgreich sind, die sich selbst achten, sich wertschätzen und weiterentwickeln.

Es sind Menschen, die auf dem festen Grund ihres Selbstvertrauens der Zukunft freudig entgegensehen. Sie sind zuversichtlich, dass sich ihre Träume verwirklichen werden. Denn sie wissen, dass sie ihrer würdig sind.

Sie leben im Vertrauen auf Gott, im Vertrauen auf die Realisierung ihrer Träume und Wünsche. Aber dieses Vertrauen bleibt in einem angemessenen Rahmen und überschreitet nicht die Grenze zur Überheblichkeit.

Diese Menschen bilden einen Kontrast zu jenen, deren Zweifel immer wieder alle ihre Träume und Wünsche zunichtemachen, die alles als Hirngespinste und unerreichbare Ziele abtun.

Selbst wenn ihnen von Gott etwas geschenkt wurde, fragen sie sich: Wie konnte das geschehen? Bin ich dessen überhaupt würdig?

Menschen, deren Selbstwertgefühl so gering ist, werden eines Tages einen inneren Aufstand erleben. Ihr mangelndes Selbstvertrauen wird alles zerstören und ihnen die Wege zu ihren Zielen verstellen.

Man könnte vielleicht fragen:

Wie kann ich meine Selbstachtung und mein Selbstvertrauen stärken?

Die Antwort darauf bedarf keiner komplizierten Überlegung. Es reicht, auf Gott zu vertrauen und Gott zu bejahen.

Darüber hinaus ist es hilfreich, sich an den Menschen zu orientieren, die mit einer optimistischen und positiven Einstellung durch das Leben gehen.

Mich erfüllt der tiefe Glaube, dass Gott uns nicht verwehren wird, was gut für uns ist. Gott sucht sich den günstigsten Zeitpunkt aus, den nur er kennt.

Wir sollen auch immer daran denken, dass Meditation dabei hilft, den Geist von allen negativen Störungen zu befreien, bevor sie sich in unserem Bewusstsein festsetzen.

Ferner muss man aus Erfahrungen lernen und Lehren daraus ziehen, damit nicht Vergangenes unsere Gegenwart und unsere Zukunft blockiert.

Das Wichtigste, neben der Zuversicht in Gott, ist, sich immer wieder die Sätze ins Bewusstsein zu rufen: „Ich schaffe es. Ich bin es wert."

Ich habe mich gefunden

Wenn du dich mitten im Glück fremd fühlst, so wandere zu deiner Seele und halte Ausschau nach deinen verborgenen Wünschen! Nur dann wirst du in der Glückseligkeit deine Heimat finden.

Wer von euch kennt das Gefühl der Entfremdung inmitten einer Fülle von Erfolgen, von Anerkennung, Reichtümern und sogar inmitten anderer Menschen?

Eine erstaunliche Frage! Und die Antwort ist noch erstaunlicher!

Es kommt vor, dass wir ein erfolgreiches Leben führen, in dem wir immer wieder Bestätigung erfahren.

Unsere Lebensumstände scheinen einem Ideal zu entsprechen.

Trotzdem haben wir das Gefühl der Trostlosigkeit und der Fremdheit.

Zwischen uns und den fast vollkommenen Gaben Gottes steht ein unsichtbares Hindernis. Es sind Fragen, auf die wir keine Antworten finden. Obwohl ihre Beantwortung einfach wäre: Wir bräuchten lediglich eine auf unsere Sehschärfe eingestellte Brille, um die Antworten lesen zu können, die auf der Mauer unserer Seele geschrieben stehen.

Der Verlust der Freude inmitten der Straßen der Vollkommenheit erfordert einen Gang zur Polizeiwache der Seele. Dort können wir Anzeige über den Verlust der Freude erstatten. Die Freude ist uns abhandengekommen, weil wir uns selbst vernachlässigt haben. Das hängt mit unserem Leben zusammen, in dem wir darauf achten, dass die anderen, der Vorgesetzte am Arbeitsplatz und unsere ganze Umgebung zufrieden und glücklich sind. Da das alles auf unsere Kosten geschieht, fallen wir in ein tiefes Loch. Es besteht eine Diskrepanz zwischen den Anforderungen der Arbeit oder des Studiums sowie den sozialen Verpflichtungen einerseits und den eigenen Bedürfnissen und Wünschen andererseits.

Wir verlieren uns, während wir damit beschäftigt sind, nach Sicherheit, Erfolg und Vorteilen zu streben. Es lenkt uns von unseren eigenen Wünschen ab und versperrt uns den Weg zu Erfüllung und Freude. Wir schränken uns in dem ehrenvollen Rahmen der sozialen Zwänge ein und missachten das, was wir selbst wünschen.

Wir können feststellen, dass derjenige, der innerlich gefestigt und mit sich selbst im Reinen ist, alles, was er für sich braucht, in Griffweite behält. Wenn er etwas benötigt, kann er sich dessen schnell bedienen. Gleichzeitig ist er bemüht, die Reise in sein Inneres fortzusetzen. Er berücksichtigt seine Wünsche und sucht einen, seinen Veranlagungen gemäßen Weg, der ihn zum Glück führt.

Betrachtet euer Inneres und erforscht es!

Sucht nach euren verlorenen Seelen!

Bevor jeder von euch aber sagt: „Ich habe mich gefunden",

stellt euch eine Frage!

Seid aber ehrlich bei der Beantwortung!

War der Antrieb beim Erreichen meiner Errungenschaften und Erfolge einem dringenden Wunsch oder einem dringenden Umstand geschuldet?

Antwortet! ... Vielleicht findet ihr in der Antwort den Punkt, an dem sich eure Seele und euer Glück treffen.

Achtet darauf, dass die Freude nicht schal wird!

Legt die frische Frucht der Freude nicht in den modrigen Kasten der Trauer, damit sie nicht fault und euch keine seelische Stütze mehr sein kann!

Ein weiser Mann sagte: „Du brauchst das Glück nicht zu suchen. Es wird zu dir kommen, sobald du dafür ein passendes, würdiges Quartier in deinem Herzen bereitet hast!"

Mir kam dieser Satz in den Sinn, nachdem ich auf meinem Handy Dutzende von Nachrichten gelöscht hatte. Es handelte sich um Glückwünsche zum Fest des Fastenbrechens. Aber aus den Texten sprach Verbitterung über das Ende des Ramadans und über den beklagenswerten Zustand der muslimischen Gemeinschaft. Diese Texte machen Freude zunichte. Sie klagen den an, der Freude empfindet, obwohl doch dieses oder jenes arabische Volk unter schlechten politischen oder wirtschaftlichen Bedingungen leidet, die ihnen alle Freude nehmen.

Was würde der Gesandte Gottes, der Prophet Mohammed, dazu sagen, wenn er heute unter uns wäre? Würde er unsere Trauer teilen, weil Bedingungen und Umstände herrschen, deren Änderung nicht in unserer Macht stehen? Oder würde er uns Undankbarkeit vorwerfen, weil wir die Gaben Gottes nicht anerkennen und keine Dankbarkeit empfinden?

Gott hat uns den Monat der Barmherzigkeit, der Vergebung und der Befreiung vom Höllenfeuer gegeben. Er hat uns aufgetragen, in diesem Monat zu fasten, nachts zu beten und besonders wohltätig zu sein. Als Geschenk an die Menschen krönte er diesen Monat am Ende mit einem Fest. Dieses Fest soll von unserer Freude, unserem

Lachen und unserem Glück leben. Es ist ein Festival der Freude, das die vielfältigen Gaben preisen soll, die uns der Gott der Barmherzigkeit und der Schöpfer des Universums geschenkt hat.

Deshalb wundere ich mich über die Menschen, die sich vom Fastenmonat Ramadan, der von jedem Moslem sehr geschätzt wird, mit Tränen und Trauer verabschieden.

Warum verabschieden wir uns von ihm nicht wie von einem Geliebten, der wiederkommen wird?

Vielleicht sagt jemand: Was geschieht, wenn er nächstes Mal kommt, aber wir dann schon fortgegangen sind?

Ich sage ihm: Sowohl der Tod als auch das Leben liegen allein in Gottes Hand. Gott hat in seiner Weisheit den Menschen den Zeitpunkt ihres Todes verheimlicht, damit sie sich bis zum letzten Moment ihres Lebens freuen können und damit die Freude die Trauer überwiegt.

„Bei Gott liegt das Wissen um die Stunde. Er sendet den Regenguss herab und weiß, was im Mutterschoß ist. Niemand aber weiß, was er morgen erwirbt und in welchem Land er stirbt. Gott ist wissend und kundig. (Sure 31/34)."[2]

Deshalb freut euch bis zu eurem letzten Atemzug darüber, dass Gott uns das Leben geschenkt hat!

Lasst uns Freude haben, solange wir als Menschen leben, deren Seelen miteinander verbunden sind. Wir arbeiten für das Diesseits, als würden wir immer leben und für das Jenseits, als würden wir morgen sterben.

Lasst uns vom Ramadan wie von einem Geliebten Abschied nehmen! Dabei sollen wir Dankbarkeit dafür empfinden, dass Gott uns die Kraft gegeben hat, gute Taten zu vollbringen. Wir sollen in

---

[2] Koranzitat nach der Übersetzung von Hans Zirker „Der Koran", Darmstadt 2003. Alle weiteren Koranzitate ebd. (Anm. d. Übersetzers)

der Hoffnung und Zuversicht leben, dass wir Ramadan wieder zusammen feiern werden und dass es uns gut gehen wird. Dabei spielt es keine Rolle, ob wir uns irgendwo auf der Erde befinden oder ob unsere Seelen zufrieden und dankbar über Gottes Barmherzigkeit und Großzügigkeit zu ihrem Schöpfer zurückgekehrt sind.

Es gibt aber Menschen, die die ganzen Sorgen der muslimischen Gemeinschaft und der gesamten Menschheit tragen. Aber alles hat seine Zeit und zu jedem Anlass gibt es ein angemessenes Verhalten. Warum sollten wir nicht glücklich sein, solange wir die Möglichkeit haben? Selbstverständlich werden wir die Leidenden nicht vergessen. Wir werden für sie beten, ihnen Spenden und materielle sowie immaterielle Unterstützung zukommen lassen. Dafür gibt es viele Möglichkeiten, die uns z.B. die sozialen Netzwerke und die Regierungsstellen eröffnen, denen man vertrauen kann und die unsere Unterstützung und Hilfe den Bedürftigen zukommen lassen.

Die Trauer, das Weinen und die Abkehr von jeglicher Freude werden nicht die Situation der Leidenden verbessern. Stattdessen wird Gott uns fragen, warum wir die Freude aus unserem Leben verbannt haben. Er wird uns dafür bestrafen, dass wir seine Gabe, die er uns in Form der Freude gegeben hat, einfach ausgeschlagen haben.

Das Resümee

„Meistens suchen wir das Glück, obwohl es uns nah ist. Genauso wie wir in vielen Fällen die Brille suchen, obwohl wir sie tragen." Lew Tolstoi

Diese Aussage des russischen Romanciers fasziniert mich. Mit diesem Satz legt er den Finger in die Wunde unseres Unglücks.

Es gibt im Leben genug Anlässe zur Freude, auf die wir bislang nicht geachtet haben. Deshalb sollen wir uns freuen. Es ist noch nicht zu spät.

Lasst uns die frischen Wunden der Trauer ignorieren, bis sie geschlossen sind und der Schorf entfernt werden kann. Wir sollen das Festtagsgebäck nicht zurückweisen, sondern es mit jedem Bissen genießen, fröhlich und ausgelassen sein und zu Gott beten. Dann können wir sagen: Gepriesen sei Gott, der uns diese Glückseligkeit kosten ließ; gepriesen sei Gott, der uns auserwählt hat und uns ohne unser Zutun Anlässe zur Freude schenkt.

Versucht euch diese Philosophie der Glückseligkeit zu eigen zu machen und ihr werdet den Unterschied spüren!

Die Quelle der Motivation

Gute Absichten sind ein
Hauptgewinn in dieser Welt.

„Wenn Gott in eurem Herzen Gutes erkennt, gibt er euch Besseres." (Sure 8/70)

Der Emir der Gläubigen, Abu Hafs Umar ibn Al-Hattab (Allahs Wohlgefallen sei mit ihm), hat folgende Worte Allahs Gesandten (Allahs Segen und Heil sei mit ihm) überliefert: „Die Taten entsprechen den dahinterliegenden Absichten und jedem Menschen gebührt das, was er beabsichtigt hat. Wer also seine Auswanderung um Allahs und seines Gesandten willen unternahm, dessen Auswanderung war für Allah und seinen Gesandten, und wer seine Auswanderung um der Welt willen unternahm, sie zu erlangen, oder wegen einer Frau, die er heiratete, dessen Auswanderung war für das, dessentwegen er auswanderte."[3].

Die Erläuterung:

Unsere Absichten sind wie eine Quelle, in deren Tiefe sich unsere wahren Beweggründe spiegeln. Alles, was in unserem Leben Freude oder Schwierigkeiten bereitet, ist nichts anders als der Inhalt des Eimers, der aus der Tiefe dieser Quelle geschöpft wird. Mit diesem Inhalt wird unsere Umgebung, werden unsere Gefühle und unsere Lebensumstände gewässert. Dann wachsen die Früchte unserer Absichten, von denen wir uns ernähren. Daraus schöpfen wir entweder Freude oder Trauer, Ruhe oder Unruhe.

Unsere wahren Absichten gehören zu den Geheimnissen der Menschen, die nur Gott kennt, während sie anderen Menschen verborgen bleiben. Gott lässt gute Absichten in den Herzen und in

---

[3] Überlieferung nach den beiden authentischen Hadith-Sammlungen von Buchari und Muslim. Übersetzung v. Ahmad von Denffer.

den Seelen jener Menschen innewohnen, die ihn lieben und deren Liebe zu ihm eine Liebe zum Reinen, zum Guten und zum Leben mit all seiner Schönheit und seinen Gaben geworden ist. Diese guten Absichten hat Gott zur Grundlage des Erfolgs, der Freude und des Glücks im Leben gemacht. Die üblen Absichten, die in der Tiefe einer bösen Seele voller schlimmer Vorsätze innewohnen, sind wie Schlangen, die ihr Gift in das reine Wasser des Brunnen spucken. Jeder, der von diesem Wasser trinkt, wird vergiftet und stirbt. Genauso sterben die Freude, das Gute und die Liebe zum Leben bei demjenigen, der üble Absichten hegt.

Die reinen und die üblen Absichten hegen wir in unseren Herzen nicht für oder gegen andere Menschen. Vielmehr sind sie Vorlieben, die uns in erster Linie selber betreffen. Sie definieren unsere Einstellung zum Leben, unseren Glauben an Liebe, unsere Anerkennung der göttlichen Gaben, unsere Zuversicht in Gott, unseren Mut bei der Verwirklichung unserer Träume. Unser Vertrauen in Gott lässt unsere Träume in Erfüllung gehen, trotz des Widerstands der Menschen, der Umstände und trotz derjenigen, die uns mit ihrem Zweifel anstecken wollen. Gott alleine hat die Macht zu bestimmen. Wenn er etwas will, sagt er: „Sei!", dann ist es. Aber nur jene Menschen werden von Gott unterstützt, die eine lautere und gute Absicht haben.

Das Resümee

Unsere guten bzw. schlechten Absichten bestimmen, welche Haltung wir zum Leben einnehmen. Davon hängen auch unsere Beziehungen zu unseren Mitmenschen und unser Weg zu Erfolg bzw. Misserfolg ab. Sie sind die Kraft, die uns in unserer Welt vor Freude strahlen oder voller Trauer weinen lässt.

Ich schließe meine Ausführungen mit den Eingangsworten:

„Wenn Gott in eurem Herzen Gutes erkennt, gibt er euch Besseres." (Sure 8/70)

So lasst unsere Absichten einen Beitrag zur Philosophie der Glückseligkeit leisten und unsere Tage mit Freude füllen!

Wenn sie doch lachen würden

Lacht! Denn Lachen ist der
Schlüssel zu tausend Türen der
Freude, die die Trauer mit
dicken Schlössern zugesperrt
hat.

Lächeln und Lachen! Das sind die neu entdeckten Heilmittel, die keiner behördlichen Genehmigung bedürfen. Sie sind bei der Behandlung vieler psychologischer und physischer Krankheiten zugelassen.

Wer von uns hat jemals daran gedacht, ein Lachrezept in der Apotheke der Freude einzulösen, die viele Glücksmomente auf den Regalen der Tage bereithält?

Viele von uns verirren sich leider auf der Suche nach dem kürzesten Weg zur Behandlung. Denn die Erinnerung an Trauer und Schmerzen und das Klagen über widrige Umstände sind ihnen stets gegenwärtig. Die Tränen des Kummers über ihr Unglück lassen sie vergessen, die vorgeschriebene Dosis des Lachens einzunehmen. Nach jeder üppigen Mahlzeit des Kummers könnte diese Dosis dabei helfen, die geschwollenen Sorgen und die verletzte Fähigkeit zur Freude zu heilen. Wenn sie wüssten, dass das Leben für denjenigen kompliziert ist, der die dunklen Irrwege der Trauer, des Weinens und der Grübelei beschreitet! Wenn sie wüssten, dass das Leben für denjenigen einfach und leicht ist, der begreift, dass widrige Umstände Teil des normalen Lebens sind, dass die Freude die Regel und die Trauer abgesehen von ihrer Härte und Dauer die Ausnahme ist.

Deshalb gehört zur Weisheit Gottes, dass alles klein anfängt und dann größer wird, außer den Katastrophen, die groß geboren werden und im Laufe der Zeit kleiner und unbedeutender werden.

Die Freude, das Lächeln und das Lachen erfordern weder große Anstrengung noch Geld. Die Freude ist eine Gabe Gottes, die den Kleinigkeiten unseres alltäglichen Lebens abgewonnen werden kann.

Vielleicht finden wir die Freude im unbeschwerten Lachen eines Kindes bei seinen Versuchen, das Sprechen zu erlernen. Vielleicht finden wir sie in der Zufriedenheit, die wir empfinden, weil jemand uns in sein Gebet eingeschlossen hat. Vielleicht offenbart sie sich in einem Kompliment unseres Geliebten, in der Dankbarkeit eines Sohnes, in der Erholung von einer Krankheit, in der Rettung vor einer Katastrophe, im frischen Brot für hungrige Mägen, in einem Schluck Wasser an einem heißen Tag, in einem Brief, in einem Familientreffen, bei dem die Herzen mehr als die Lippen voller Liebe, Freundlichkeit und Vertrautheit sind.

Gefühle von Zufriedenheit und Freude, die einem ein Lächeln in das Gesicht zaubern, finden sich überall und sind jederzeit verfügbar.

Aber:

Unsere arabischen Gesellschaften lieben das Weinen, geben den traurigen Melodien den Vorzug, verurteilen das Lachen, sind pessimistisch selbst in Momenten der Freude. In solchen Momenten heißt es: „Möge Gott uns vor dem Übel des Lachens befreien!"

Sie verweisen immer auf den Prophetenspruch, wonach viel Lachen das Herz unempfindlich macht. Aber sie vergessen den Spruch, in dem es heißt: „Dein Lächeln im Angesicht deines Bruders ist eine Wohltat!"

Aus Angst vor dem Lachen haben wir vergessen, dass Allah, der Erhabene, lacht.

Nach Abu Razin hat der Gesandte Gottes gesagt: „Unser Gott hat gelacht, weil die Menschen hoffnungslos wurden, da es nicht regnete, obwohl sich das bald ändern sollte". Da fragte Abu Razin:

„Lacht der Erhabene Gott?" Der Gesandte antwortete: „Ja." Da erwiderte Abu Razin: „Wir sind gut bei einem Gott aufgehoben, der lacht."[4]

Mohammed sagte: „Gott hat sich über die Menschen gewundert, die hoffnungslos waren, obwohl sich ihr Zustand bald ändern sollte. Er schaut auf die Menschen, die in Not sind und lächelt. Denn er weiß, dass ein Ausweg nahe ist."

Das Resümee

Die strahlenden Gesichter, die ein offenes, optimistisches Lächeln auf ihren Lippen haben, bedeuten keinesfalls, dass die Banken unserer Tage keine Rücklagen mehr an Trauer hätten. Sie zeigen, dass es trotz aller Widrigkeiten immer noch genug Raum für Freude gibt, dass ein Universum, das von einem lachenden Gott erschaffen wurde, voller fröhlicher Mienen derer ist, die wissen, dass viele Anlässe zur Freude nur darauf warten, von ihnen entdeckt zu werden.

Lacht! Denn im Lachen steckt eine Philosophie der Glückseligkeit, die jede Traurigkeit besiegt.

---

[4] Quelle: Authentische Sammlung der Hadithe (al-dschāmi'as-Sahīh), von Abu 'Abdallah Muhammad ibn Isma'il al-Buchari al-Dschu'fi.

Ein Leben, das nicht altert

*Die Jugend ist die Jugend der
Seele. Das Alter ist nichts weiter
als eine Zahl, die uns die Freude
am Leben rauben will!*

An einem freundlichen Frühlingsmorgen ging ich durch ein kleines deutsches Dorf, um Kaffee in einer Gastwirtschaft am Ufer eines Flusses zu trinken. Ich hatte meinen Vater zurückgelassen, damit er sich von dem Morgen, an dem er viele Untersuchungen über sich hat ergehen lassen müssen, ausruhen konnte.

Ich hatte erwartet, dass es mir in dieser kleinen Ortschaft langweilig würde. Die bedeutendste Einrichtung des Dorfes war das Krankenhaus, das die Patienten aus der Umgebung anzog. Es glich einem geschickten Gewürzhändler[5], der das richtet, was die Jahre zerstört hatten.

Aber:

Ich wurde überrascht. Ich erlebte junge Leute, die über 60 Jahre alt waren. Sie lösten die Zuckerstücke des Lebens in den Tassen ihrer Jahre auf. Sie tranken aus dieser Tasse voller Genuss bis zum letzten Tropfen des Lebens.

Ich beobachtete eine Frau über 70, die eine elegante Erscheinung darstellte! Sie ging Einkaufen und trug Kleider in bunten Frühlingsfarben, ohne befürchten zu müssen, dass man ihr dafür Vorwürfe machte. Ich sah einen älteren Herrn in Sportkleidung, dessen

---

[5] In alten arabischen Gesellschaften verkauften Gewürzhändler auch Gewürze, die zur Heilung von Krankheiten verwendet wurden. Insbesondere in Regionen, wo keine weitere medizinische Versorgung vorhanden ist, übernehmen bis heute zuweilen Gewürzhändler die Funktion von Arzt und Apotheker. (Anmerkung d. Übersetzers)

morgendlicher Lauf seinem Alter Lügen strafte und ihn darin bestätigte, dass er noch aktiv war.

Ein anderer ging mit seiner Frau spazieren. Vielleicht waren sie über 70. Aber der Glanz der Liebe in ihren Augen konnte mit dem eines jungen Ehepaars in unserem Orient während seiner ersten Flitterwochen konkurrieren.

Eine Gruppe älterer Frauen von einnehmender Eleganz frühstückte in der fröhlichen Stimmung von Zwanzigjährigen. Sie unterhielten sich und lachten dabei, ohne dass jemand davon missbilligend Notiz genommen oder sich über sie lustig gemacht hätte, wie es in unserem falschen, scheinheiligen Orient der Fall gewesen wäre.

Ich war vertieft in meine Gedanken darüber, wie die Senioren hier am Leben festhielten und sich aus den Fängen der Langweile befreiten.

Wer mich an meinem runden Tisch beim Kaffeetrinken beobachtet hätte, wäre vielleicht zu dem Schluss gekommen, dass ich einsam gewesen sei. Aber das war ich nicht.

In meiner scheinbaren Einsamkeit hatte ich einen Gast, nämlich den Geist des Betrachtens. Ich führte interessante Gespräche mit ihm über die Philosophie des Lebens im Orient und im Okzident, über den Genuss der Fröhlichkeit und des Lebens, der in unserem Orient bereits mit 40 endet und in ihrem Okzident mit 50 beginnt.

Es war eine Tasse Kaffee, die die anregende Wirkung der Fröhlichkeit in mir weckte, die Trägheit vertrieb und die natürliche Liebe zur Menschheit in mein Herz trug. Ich verspürte in mir ein Jauchzen. Ich lächelte und sagte mir: Das Leben dauert an, solange die Seele nicht von der Hoffnungslosigkeit des Alterns, von den Falten der Langweile und vom Rost des Alters befallen ist, das sich allein durch eine Zahl definiert.

Ich begriff, dass das Alter, in Zahlen ausgedrückt, nichts anderes ist als eine Fiktion, die uns den Genuss und die Freude am Leben verdirbt.

Das Rund des Lächelns

Mit den Booten der Ruhe
schwimmen wir inmitten eines
Meers aus stiller Freude.

An einem schönen, sonnigen Morgen schlug Farah hastig ihre Augen auf. Sie sprang aus ihrem Bett, wie eine Getriebene, der die Verspätung wie ein Stachel im Fleisch saß. Sie rannte schnellen Schrittes ins Badezimmer, um ihr Gesicht zu waschen. Dann ging sie aus dem Badezimmer, verrichtete das Gebet und zog sich an. Sie flüchtete aus ihrem Zimmer, suchte dieses und jenes, im hektischen Bemühen, die Zeit aufzuholen, die sie durch ihre Verspätung verloren hatte. So erging es ihr jeden Morgen.

Inmitten der morgendlichen Hast ist ihr das Lächeln abhandengekommen und sie hat die Ruhe ihrer Seele verloren. Selbst die morgendlichen Bittgebete, die sie innerlich zur Sammlung bringen sollten, waren ihr keine Hilfe. Sie gingen angesichts der üblichen, morgendlichen Hektik unter und konnten ihr so auch nicht die ersehnte Ruhe verleihen, an deren Verlust sie sich mittlerweile gewöhnt hatte.

Sie verließ hastig das Haus, nachdem sie die morgendliche Ruhe zerstört hatte. Durch das Loch, das sie in die Atmosphäre der Sorglosigkeit und der Spiritualität gerissen hatte, sickerten Niedergeschlagenheit und Unruhe in das Haus und machten sich breit. Die Bewohner konnten keine Freude mehr finden. Jeder von ihnen machte sich angespannt und bedrückt auf seinen Weg.

In die offene Wunde ihres Morgens drang noch der Schmutz der Traurigkeit. Das verdarb ihnen den ganzen Tag, der die sterbende Freude beweinte.

Am gleichen schönen, sonnigen Morgen schlug Marah langsam ihre Augen auf. Sie sprach ein Morgengebet: „Wir sind in den

Morgen eingetreten, und die Herrschaft Allahs ist in den Morgen eingetreten. Mein Herr, ich bitte dich um das Gute dieses Tages und das Gute dessen, was ihm folgt. Mein Herr, ich suche Zuflucht bei dir vor dem Übel und dem Übel dessen, was ihm folgt." Sie schaute auf ihre Uhr neben dem Bett. Sie stellte fest, dass der Schlaf ein Teil ihrer Zeit beansprucht hatte. Trotzdem lächelte sie und küsste im Geist die Hand des Schlafes, der ihre Augen gestreichelt und ihr Ruhe gespendet hatte. Denn einen Schlafenden trifft keine Schuld.

Sie stand gelassen auf, begrüßte die Ruhe des Morgens und schloss erneut mit dem anbrechenden Tag ihren Frieden.

Sie duschte, betete unbeschwert und las die Morgenbittgebete in großer Ruhe. Ein umfassendes Gefühl der Zufriedenheit ergriff sie. Sie ging aus ihrem Zimmer, um die Bewohner des Hauses mit ihrer angenehmen Stimme zu wecken. Sie lächelte alle mit ihrem bezaubernden Lächeln an und gab ihnen gute Wünsche mit auf den Weg. Damit schenkte sie ihren Seelen Ruhe und Ausgeglichenheit. Mit ihrem morgendlichen Abschiedskuss sagte sie ihren Lieben auf Wiedersehen, bevor sie zu ihrem Studienort oder zu ihrer Arbeit gingen. Ihre Küsse mit ihrem Versprechen von Liebe und Geborgenheit waren die wichtigste Kraftquelle der Familie.

Sie machte sich auf den Weg zur Arbeit mit einer Tasse duftenden Kaffees in der Hand. Sie trank unterwegs daraus. Jeder Schluck ließ sie zufriedener lächeln. Sie dachte darüber nach, dass Lärm und Chaos keinen Platz in ihrem Leben hatten und traf Vorkehrungen für einen harmonischen Feierabend. Nach der Rückkehr von ihrer Arbeit konnte sie sich auf ihr einladendes Heim und ihre Familie freuen, eine Familie, die die Ruhe liebte. Geborgenheit, Sorgenfreiheit und Freude sind zu treuen Begleitern dieser Familie geworden.

Farah und Marah!

Beide sind zwei Schwestern in einem Haus, ihre Lebensumstände gleichen einander. In einer von beiden gärt es. Sie lebt voller Anspannung, Beklemmung und Hektik auf dem Rand eines Vulkans. Die andere Schwester genießt den Segen ihres Seelenfriedens. Sie lebt in einer Oase der Ruhe, Sorgenfreiheit und Ausgeglichenheit.

Was für ein Unterschied zwischen der einen und der anderen!

Das Resümee

Die Motivation, der Erfolg, die Ruhe und der Optimismus:

Sie brauchen verwöhnte Morgen, selbst wenn die Tage voller Geschäftigkeit sind.

Gönne deinem Morgen die Ruhe, damit er dich in einen erfolgreichen, sorgenfreien Tag voller Freude geleitet!

Das befreiende Nein - Das zehrende Ja

Ein NEIN kann die hinter einem
Schleier verdeckte Freude
befreien!

Gehörst du zu denjenigen, bei denen das Ja-Sagen das Nein-Sagen überwiegt?

Gibt dir NEIN das Gefühl, dass die Tugend des Gebens bei dir nackt dasteht? Greifst du dann schnell zum JA, um deine Blöße zu bedecken, sobald ein NEIN aus dem Gefängnis deiner Lippen zu flüchten versucht?

Wenn du zu denen gehörst, wirst du wenig Freude im Leben erfahren. Daran ändert auch die Tatsache nichts, dass dir das Geben ab und an Freude bereitet. Leider!

Ohne Zweifel ist die Nächstenliebe eine lobenswerte Tugend und die daraus erwachsenden guten Taten hilfreich, den Egoismus in unserer Seele mit den Fesseln der Menschlichkeit zu bannen. Wir geben uns großzügig, tolerant und freigiebig, um Geiz und Selbstliebe zu überdecken, bevor diese in einem Moment der Schwäche in das Herz unserer Menschlichkeit eindringen.

Aber!

Auch ein NEIN muss gesprochen werden, gerade wenn die Stimme des JAs laut wird und die Grenzen der Vernunft überschreitet, indem eigene Bedürfnisse zu Gunsten anderer aufgeopfert werden. Ein NEIN muss ausgesprochen werden, wenn uns ein JA das Leben zur Last werden lässt, wenn ein JA die Gesichter der anderen vor Freude strahlen lässt, während unsere Gesichter vor lauter Müdigkeit und Erschöpfung nicht einmal mehr zu einem Anflug von Lächeln in der Lage sind. Anderen auf Kosten der eigenen Bedürfnisse Freude zu bereiten, ist nicht aufrichtig.

Das Resümee

Ein JA ist wunderbar, wenn es unserer Bereitschaft zur Großzügigkeit entspricht und diese nicht überstrapaziert.

Ein NEIN ist auch wunderbar, wenn es vor einer unangemesse-
nen Selbstaufopferung bewahrt und wenn Warnsignale beachtet
werden, die die Grenzen unserer Großzügigkeit aufzeigen.

Deshalb ist ein Gleichgewicht von JA und NEIN Garant für die
eigene Zufriedenheit und Freude, die wiederum zum großzügigen
JA-Sagen befähigt. Nur wahrhaft empfundene Freude kann man an
andere weitergeben.

Die gelbe Ampel

*Im Verkehrssystem steht das
gelbe Licht für die Rettung.
Nach den Regeln des Lebens
steht gelb für Vorsicht und
Unversehrtheit.*

Grün, gelb und rot! Diese Farben sprechen eine internationale
Sprache. Wir assoziieren sie mit Ampeln, die den Verkehr auf unseren Straßen regeln und uns vor Unfällen schützen.

Die erstaunliche Wirkung dieser drei Farben beschränkt sich
nicht auf die Verkehrsregelung, die die Unversehrtheit der Fuß-
gänger und Autofahrer garantieren soll. Die Farbsymbolik kann
zur Richtschnur unseres Lebens werden, wenn man die Grundsätze befolgt, nach denen eine Ampel funktioniert.

Bei den Menschen:

Es gibt Menschen, die vor lauter Angst nur noch Rot sehen. Die
Angst nimmt diese Menschen schon vom ersten Schritt, den sie auf
ihrem Weg gehen, gefangen. Sie bleiben stehen, weil sie Hindernisse fürchten. So vergeht das Leben, während sie in ihren Angst-
phantasien gefangen bleiben, anstatt sich auf dem Boden der Realität zu bewegen.

Für andere Menschen steht die Ampel immer auf Grün. Diese
Menschen sind in einem Marathon gefangen. Sie stehen niemals
still, bis sie am Ziel sind. Sie kennen keine Bremse und keinen Halt.
Nichts kann sie daran hindern, alle Hindernisse aus ihrem Weg zu
räumen. Wenn sie in eine Verkehrskontrolle geraten, die ihre
übermäßige Geschwindigkeit in Richtung Ziel verlangsamen soll
oder wenn sie durch ein Hindernis überrascht werden, kurbeln sie
die Fensterscheibe herunter und verlieren sich im Streit und in

lautstarker Konfrontation. Dabei kommen sie vom Ziel ab. Sie verlieren Zeit und ihr Traum stirbt unerreicht.

Die erfolgreichen Menschen aber orientieren sich an der Farbe Gelb auf ihrem Weg. Sie nehmen die kürzeste Strecke, um ihr Ziel zu erreichen. Sie fahren zügig und trotzdem sind sie vorsichtig, um nicht mit gesellschaftlichen Hindernissen zu kollidieren. Sie versuchen nicht, mit Gewalt eine Schneise durch diese Widerstände zu schlagen. Sie bilden sich nicht ein, dass ihre Kraft ausreichte, sie über hohe Zäune springen zu lassen, ohne zu fallen und ohne einen Rückschlag zu erleiden, der tausend Dinge zerstören und ihnen den Weg zur friedlichen Verwirklichung ihrer Wünsche und Träume verstellen würde.

Die Beharrlichkeit, die wir brauchen, um unsere Träume zu verwirklichen, ist eine hohe Tugend. Wenn sie allerdings zu Konfrontationen führt, verkehrt sich diese Tugend in ihr Gegenteil

Deshalb sollte jeder von uns eine Ampel in sich tragen, um den Weg zur Erfüllung seiner Wünsche im Chaos der Straßen der Träume zu finden, ohne katastrophale Unfälle zu verursachen, bei denen Wünsche mit unüberwindbaren Hindernissen zusammenprallen. Kollisionen können vermieden werden, wenn man die gelbe Ampel nicht missachtet. Die Farbe Gelb ist das beste Licht gegen die Dunkelheit des Weges. Sie sichert die Unversehrtheit im Chaos der unterschiedlichen Zielsetzungen der Menschen, die sich auf dem Platz des Lebens tummeln.

Es wäre wunderbar, wenn wir die Philosophie der Glückseligkeit erkennen könnten, die in der gelben Farbe der Vorsicht ihren Ausdruck findet.

Die Zufriedenheit der Menschen

Das Geheimnis der eigenen Zufriedenheit liegt in der Zufriedenheit mit dem Leben an sich, mit den Menschen und den Umständen unter denen man lebt.

„Die Menschen haben verschiedene Vorlieben."

„Menschen zufrieden zu stellen, ist ein unerreichbares Ziel."

„Ohne verschiedene Geschmäcker würden die Waren nicht verkauft werden."

Das sind Beispiele aus dem großen Schatz der Sprichwörter, die demonstrieren, dass sich Menschen nicht auf eine einheitliche Sichtweise einigen können. Sie können nicht alle die gleiche Sache lieben, schön finden, hassen oder missbilligen.

Deshalb:

Wer sein Glück auf den Rand der brüchigen Steilwand der Zufriedenheit anderer Menschen baut, wird mit diesem Bau in ein unendlich tiefes Tal der Freudlosigkeit und der Selbstaufopferung stürzen.

Die Sorgenfreiheit und die Freude, die ein Mensch durch das ständige Zufriedenstellen anderer auf Kosten seines eigenen Glücks erlangen möchte, sind nicht von Dauer. Wer fremde Bedürfnisse über die eigenen stellt, begibt sich in ein Abenteuer mit unangenehmen Folgen und investiert in falsche Wertschätzung und Freude.

Deshalb:

Es ist falsch, dem Sprichwort zu folgen, das besagt: „Iss, was du magst! Aber ziehe an, was die anderen mögen!" Denn die Akzeptanz und Anerkennung unserer Taten durch andere werden niemals unsere eigene Zufriedenheit und Überzeugung, die wir angesichts unserer Taten empfinden, ersetzen können. Unsere Fähigkeit, Freude zu empfinden, wird erstickt und wir werden anfällig für Depressionen.

„Nach mir die Sintflut" ist eine Lebensmaxime, die garantiert, dass ich das Schiff meines Lebens mit meinem Geliebten inmitten des Meers des Lebens friedlich und ohne Schäden für andere steuern kann. Das ist eine zutreffende Lebensweisheit und drückt keinesfalls einfältigen Egoismus aus. Wir brauchen diese Erkenntnis, um unser Leben in voller Harmonie mit uns selbst zu leben. Dann können wir auch in Frieden mit denen leben, die uns wichtig sind. Das sind unsere Eltern, Kinder und andere Menschen, deren Schutz uns von Gott anempfohlen wurde. Des Weiteren folgt das friedliche Zusammenleben mit anderen Menschen auf der Grundlage gegenseitigen Respekts. Wir müssen sie akzeptieren und mit ihnen leben, wie sie es wollen und nicht wie wir es von ihnen erwarten.

Das Resümee

Freude stellt sich ein, wenn wir unsere Herzen für andere öffnen. Wir sollen versuchen, ihre Herzen mit Freundlichkeit, Respekt und Liebe zu gewinnen. Wir dürfen uns aber nicht unter allen Umständen bemühen, ihr Wohlwollen zu erlangen. Wir dürfen nicht den Geist unserer Freude opfern, um ihren Ansprüchen, die sich entsprechend der Zeit, des Ortes und der Umstände ändern können, zu genügen.

Erst wenn man sich selbst genügt, kann man auch seinem Gegenüber genügen, unabhängig von äußeren Umständen. Das ist eine grundlegende Einsicht in das Wesen der Glückseligkeit, die nur klugen Menschen zuteilwird.

Ich werde nicht in die Fußstapfen meines Vaters treten

*Es wäre angebracht uns der
Tatsache zu stellen, dass sich die
Zeiten ändern und dass wir uns
mit ihnen ändern müssen,
anstatt uns dem Lauf der Dinge
in den Weg zu stellen!*

Als die Sonne unterging, saß ich mit meiner Tochter und ihren Freundinnen auf der Terrasse. Es war ein ruhiger Abend. Wir genossen die angeregte Unterhaltung und die belebende Diskussion.

Die Atmosphäre dieses milden Abends ließ die Mauern des eisigen Schweigens schmelzen. Diese Mauern entstehen dadurch, dass die Erwachsenen im Allgemeinen und die Eltern im Besonderen kein Interesse daran haben, die junge Generation zu verstehen. Sie akzeptieren nicht, dass sich neue Denkweisen entwickeln, dass im Laufe des Lebens jeweils unterschiedliche Interessen dominieren und sie schrecken zurück bei dem Gedanken an den Generationenwechsel.

Die jungen Mädchen überraschten mich im Gespräch mit der Frische ihrer Ideen, dem Potential ihrer Prinzipien und mit dem Temperament, mit dem sie ihre Anschauungen vortrugen.

Ich habe festgestellt, dass sich hinter den gewöhnungsbedürftigen Frisuren und der für uns Erwachsenen provozierenden Kleidung, sowie hinter dem lauten Lachen und dem impulsiven Verhalten Grundwerte verbergen, die sich nicht von einer Generation zur nächsten ändern. Diese Werte sind tief im Bewusstsein der Gesellschaft verwurzelt, in der die Jugendlichen aufgewachsen sind. Nur die Ausdrucksform ändert sich und nicht der Kern dieser Prinzipien.

Seit Ewigkeiten sind Grundwerte und -anschauungen identisch. Sie ändern sich lediglich in der Form und passen sich dem Zeitalter an. Diese Form ist mutiger, energischer, schneller, temperamentvoller und beharrlicher, wenn junge Leute sie vertreten, die von ihren Vorstellungen überzeugt sind. Aber die Generation der Erwachsenen betrachtet diese Vorstellungen leider mit Herablassung. Sie steht auf dem stillgelegten Gleis eines bereits vergangenen Zeitalters. Sie fürchtet den Wechsel zum gegenüberliegenden Gleis der Moderne aus Angst, ihre Prinzipien könnten vom Zug des Wandels überrollt werden. Sie hat Angst, ihre geistige Identität könnte ausgelöscht werden und Grundwerte ihre Gültigkeit verlieren.

Die Jugend ist Ausdruck von Temperament, von Ideen und Innovation. Sie ist ein Schatz der Gesellschaft trotz aller Verstöße gegen Konventionen, die wir Erwachsene manchmal als übertrieben dreist oder gar unverschämt ansehen. Dabei vergessen wir, dass wir vor vielen Jahren selber jung waren und dass wir damals auch darunter litten, dass sich die Erwachsenen über unsere Anschauungen, unser Handeln und unseren Umgang mit dem Leben lustig gemacht haben.

Es war ein kleines Fest der Freude. Ich hörte mehr zu, als das ich sprach. Ich profitierte von meinen Gesprächspartnerinnen mehr als sie von mir profitierten. Ich hatte Freude bei dem Gedanken an ihre unverbrauchte Jugend, die sie angenehm modern und mit einnehmendem Charme repräsentierten. Ich beschloss, meine Tochter so anzunehmen, wie sie ist, auf die Verrücktheit ihrer vernünftigen Ideen stolz zu sein und mir kein Bild davon zu machen, wie sie sein sollte.

Das Resümee

„Ich werde nicht in die Fußstapfen meines Vaters treten." ist der Name einer TV-Serie. Die Aussage beinhaltet auch eine Weisheit. Wenn wir alle zu dieser Einsicht gelangt wären, würden die meisten Probleme der Eltern mit den Jugendlichen verschwinden und alle würden in einem beglückenden Zustand der Glückseligkeit leben.

Neugierde

Bemühe dich nicht darum,
Fenster zu öffnen, um das
Privatleben anderer
auszuspionieren! Denn damit
schließt du die Fenster der
Freude in deinem eigenen Leben.

Nichts ist schlimmer, als sich damit zu beschäftigen, andere zu beobachten anstatt sich selbst. Statt sich zu hinterfragen und zu bessern, neigen manche Menschen dazu, die Privatsphäre anderer auszuspionieren.

In der Umgangssprache verwendet man den Begriff „Al-Laqafah". Das bedeutet so viel wie: Die Bemühung, in den privaten Angelegenheiten eines anderen Menschen zu schnüffeln, die er eigentlich in einem tiefen Loch verbergen möchte.

Das ist eine unangenehme, krankhafte Angewohnheit, die bei den Menschen anzutreffen ist, denen es an Respekt mangelt. Diese Menschen haben banale und oberflächliche Interessen sowie niedere Ziele. Obwohl Gott sie angewiesen hat, sich in die Angelegenheiten anderer nicht einzumischen, um gute Menschen aus ihnen zu machen, sind sie zu eigentümlichen Geschöpfen geworden, die vom Lästern und Tratschen über das Leben der anderen leben. Sie missachten den Vers im Koran, der Lästern mit Leichenfraß vergleicht. Dabei fühlen sie sich nicht einmal schlecht. Aber die Krankheit, an der sie leiden, hat schlimme Folgen. Wenn sie das doch wüssten!

Zu diesen Folgen gehört die Tatsache, dass Gott ihnen den Segen der Freude in ihren Herzen vorenthält. Da Gott auf sie zornig ist, lässt er sie sich im Leben der anderen verlieren. Dadurch vergessen sie, ihr eigenes Leben einer kritischen Betrachtung zu unterziehen. Ihre Seele sollte eigentlich sich selbst prüfen und nicht andere beobachten und beurteilen. Dadurch werden diese Menschen an den Rand des Lebens gedrängt. Sie werden sich weder weiterentwickeln noch wachsen. Ihnen bleiben somit der Erfolg und die Frömmigkeit verwehrt, die ihnen Gottes Nähe und Liebe sowie die Liebe der Menschen gebracht hätten.

Die Einmischung in die Angelegenheiten anderer Menschen geschieht aufgrund armseliger, niederer Neugierde und ist eine verabscheuungswürdige Plage, die sich in die Ader der Freude schleicht und das Blut des Glücks vergiftet. Das Lästern verbreitet Hass unter den Menschen und macht die Fähigkeit zur Freude zunichte.

Das volkstümliche Sprichwort besagt: „Guten Morgen, Nachbar! Du hast deine Angelegenheiten und ich habe meine Angelegenheiten."

Das ist eine einfache Weisheit, die uns Integrität und Frieden garantiert. Es wäre ratsam, diese Weisheit jeden Morgen als Gegenmittel gegen die Neugierde einzunehmen, damit unser Leben angenehm und die Freude in unserem Herzen bleibt.

Leuchtend weiß

Die wirkliche Sauberkeit besteht in der Reinheit der Moral, die Reden und Taten vom Übel befreien.

Wer von uns freut sich nicht, einem sauberen Menschen zu begegnen? Wer von uns wird nicht aufmerksam, wenn er den Duft eines gepflegten Menschen wahrnimmt? Wir alle! Unsere Sinne registrieren einen reinlichen, gepflegten, kultivierten Menschen mit großer Aufmerksamkeit.

Aber haben wir einmal an den tieferen Sinn der Sauberkeit gedacht? Haben wir an die Reinlichkeit im weitesten Sinne gedacht, zu dem uns zuerst die Religion gemahnt und die Grundsätze des menschlichen und gesellschaftlichen Anstands?

Meine Lieben!

Wir alle kennen den Spruch: „Die Sauberkeit gehört zur Frömmigkeit". Und die Frömmigkeit gehört zu den wichtigsten Fundamenten der Freude. Aber wenige von uns begreifen, dass dieser Spruch mehr als nur die oberflächliche Sauberkeit betrifft.

Die Reinlichkeit, die ich meine, beschränkt sich nicht auf den Gebrauch von Seife und Parfüm. Die Reinlichkeit besteht darin, unser Inneres vor äußeren Verunreinigungen zu schützen.

Wie schön wäre es, wenn wir gute Absichten im Umgang mit Gott und den Menschen hegten.

Wie schön wäre es, wenn wir die Flecken der Gehässigkeit, des Neids und des Hasses, die aus der Konkurrenz mit anderen erwachsen, aus den Herzen entfernen könnten! Dann würden die Herzen wieder makellos rein sein.

Wie angenehm ist es, wenn die Sprache rein ist, wenn wir üble Worte, trügerische Logik und ordinäre Ausdrücke meiden. Unserer Umwelt bliebe boshaftes Geschwätz erspart. Die Menschen würden sich uns nähern, anstatt uns zu meiden.

Gibt es größere Anmut als die, die eine redliche Moral verleiht, mit der wir den Menschen begegnen und die zu unserem Erkennungsmerkmal wird?

Wie wunderbar ist die Reinheit des Herzens, das frei von Übel ist. Das Übel im Herzen schadet der eigenen Person mehr als unserer Umgebung.

Ich werde in diesem Zusammenhang keine neue Anstrengung fordern. Der Bedarf an Reinigung wird deutlich angesichts der Unmengen von Schmutz, die sich in der Welt der digitalen Technik und in den sozialen Netzwerken verbreitet haben. Dort begegnet man Herzen, die so verdorben sind, dass man sie fast für tot erklären könnte. Dort finden sich Lügen, Verleumdungen, üble Nachrede, persönliche Abrechnungen, Hass-, Neid- und Eifersuchtsgefühle, die zu üblen Waffen geworden sind, die von Unheilstiftern auf ihren Internetseiten eingesetzt werden. Wie oft ist es vorgekommen, dass Menschen mit gutem Ruf durch falsche Vorwürfe verleumdet und durch üble Machenschaften zerstört wurden.

Die wirkliche Reinheit liegt in den guten Absichten, in einem aufrichtigen Herzen, im hohen moralischen Anspruch, in der anständigen Sprache und in der wahrhaft empfundenen Ehrfurcht vor Gott.

Aus der Reinheit des Inneren des Menschen entspringt die Reinheit des Äußeren. Ein reines Herz spiegelt sich im Äußeren, das heißt im eigenen Körper und in der Umgebung, in der wir uns bewegen.

Das Resümee

Glaubt mir! Wer sich nur um sein Äußeres kümmert und sein Inneres vernachlässigt, wird unweigerlich unmoralisch werden. Man wird einen solchen Menschen trotz seiner oberflächlichen Schönheit meiden und ihm ausweichen.

Wer aber um die Reinheit, Anmut und Schönheit seines Inneren bemüht ist, wird durch sein Äußeres nicht enttäuscht werden, das die gleiche Reinheit, Eleganz und Schönheit widerspiegeln wird. Dieser Mensch wird Herz, Verstand und Sinne für sich einnehmen. Sein Ruf wird ihm vorauseilen und zum Leitstern seines Lebens werden. Nach seinem Tod wird die Erinnerung an ihn weiter segensreich auf seine Nachkommen wirken.

Die Reinheit ist eine Philosophie. Wenn wir uns in sie vertiefen, werden wir Glückseligkeit erleben.

Lasst uns auswandern!

*Liebe, Schönheit, Frieden: Das
sind die Landschaften der
Freudenheimat, die der Seele die
größte Zuversicht und
Geborgenheit schenken.*

Wer von euch wagte eine Reise der Seele?

Wer von euch verliebte sich in die Länder der Schönheit und beschloss, dorthin auszuwandern und zu bleiben?

Die Mehrheit von uns wohnt leider innerhalb der Mauern der alten Städte seiner Seele. Viele sind im Alltagstrott einer musealen Routine gefangen.

Die Mehrheit von uns arbeitet, isst, trinkt, reist, tauscht sich mit seiner Umgebung aus und kommt seinen sozialen Verpflichtungen bestmöglich nach, stets darauf bedacht, keine Fehler zu begehen. All das vollzieht sich aber in einer eigenartig überkommenen Routine, die den Geschmack des Lebens verwässert und der Welt ihre Würze raubt.

Diese Menschen werden im Lauf der Zeit zu Robotern, die die vorgegebenen Rollen ihres Lebens spielen. Ihre Tage verlieren sich zwischen den Sorgen und den Problemen des Gestern auf der einen und der Befürchtung, ihr Schicksal könnte ihnen den Erfolg und die Sicherheit von Morgen rauben, auf der anderen Seite.

Sie töten das Jetzt mit „es war" und „es wird". Zwischen der Vergangenheit und der Zukunft leidet die Gegenwart. Aber in der Gegenwart spielt sich unser wahres Leben ab. Das Glück des gegenwärtigen Augenblicks ist das, was zählt.

Die Kur für diese Menschen besteht im Bereisen ferner Länder auf der Seelenlandkarte. Dort können sie die Anlegeplätze der Ruhe und Erholung im Hafen der Stille entdecken.

Ihre Koffer werden als erstes mit Liebe gefüllt:

Die Liebe zu Gott, zu sich selbst, zu ihren Lebensumständen, zu ihrer Umgebung, zu ihrer Gegenwart, zu jedem Moment.

In ihren Koffern findet sich auch die Schönheit. Denn die Schönheit lässt es nicht zu, dass Augen und Seele mit Hässlichkeit konfrontiert werden. Was bleibt ist nur das Bewusstsein von Schönheit:

Die Schönheit unserer Seelen, die Schönheit der Gaben Gottes in uns und in unserer Umgebung.

Wir sehen die Schönheit in jeder Arbeit, die uns von Gott auferlegt ist, wenn wir verantwortlich handeln.

Wir begegnen dieser Schönheit im Universum, in der Natur, im Lächeln der Menschen, in der Unschuld der Kinder, im Duft einer Blume und in vielen Dingen unserer Umgebung, die wir jedoch nicht wahrnehmen. Denn wir sind mit den Sorgen von Gestern und mit der Angst vor dem Morgen beschäftigt.

Aus der Vereinigung von Liebe und Schönheit entspringt der Friede. Denn wer mit der Liebe lebt und durch die Liebe die Schönheit des Universums und der Dinge genießt, in dem wird der Friede seine Fahne hissen. Der Friede verkündet damit die Eroberung der Länder der seelischen Erhabenheit. Er kommt ohne Zwang und versichert uns, dass es keine Freude und keinen Lebensgenuss ohne die Vereinigung von Liebe und Schönheit aus dem Inneren geben kann. Er wird allen Dingen und allen Menschen seine Leichtigkeit verleihen.

Das Resümee

Haltet euch von den Hauptstädten des Lärms fern, die mit den Erinnerungen an die Fehler einer toten Vergangenheit belastet sind und die eine Zukunft fürchten, die noch in Gottes Hand liegt.

Wandert weit weg von alldem! Macht euch auf den Weg zu den Orten der Liebe, der Schönheit und des Friedens, die in eurem Innern, in eurer Umgebung, in eurem Leben und in der Weite des Universums existieren.

Lernt die Sehenswürdigkeiten dieser Orte kennen und wandelt in ihren Räumen!

Genießt den Moment, die Gegenwart und das Jetzt!

Das ist die erfolgversprechendste Methode, um Zufriedenheit, Glück und Freude zu mehren.

Die zerstörerische Bosheit der Menschen

Wir können verschieden sein,
aber wir dürfen uns nicht
angreifen.

Vor über 20 Jahren, während der Zeit der Verbundenheit aller Mitglieder unserer Golf-Region in Freundschaft, Barmherzigkeit und Solidarität waren Abu Ali und Abu Khalid Nachbarn im Viertel und lebten Tür an Tür.

Es gab eine weite Tür aus Liebe, Treue und Friede inmitten der einzigen Mauer, die beide Häuser trennte.

Der Ruf des Muezzins aus der gemeinsamen Moschee weckte beide. Jeder von ihnen öffnete die Tür seines Hauses, um den gleichen Weg zu gehen und um auf der gleichen Stelle zu arbeiten. Dort verdienten sie ihr Gehalt, mit dem sie sich und ihre Familie ernähren konnten.

Hinter der Tür, aus der die beiden Männer traten, spielten ihre Kinder voller Eintracht und Freude miteinander. Die beiden Ehefrauen, Um Ali und Um Khaled, tauschten Nachrichten aus, als wären sie die Rundfunkanstalt des Viertels. Dieser Tratsch erfolgte spontan und fröhlich mit dem Vormittagstee und mit den wenigen Süßigkeiten, die in dieser friedlichen Zeit ohne Neid oder Hass gebacken worden waren.

Mit dem letzten Schluck gingen beide Frauen dann in die Küche, um gemeinsam das Mittagsessen für die hungrigen Mäuler in einem großen Kessel zuzubereiten. Wenn der Reis fertig gekocht war, wurde er zwischen einem sunnitischen und einem schiitischen Haus geteilt, um die leeren Mägen zu füllen. Diese Mahlzeit nährte die Seelen mit Liebe.

Die Männer trafen sich nach dem Abendgebet in dem volkstümlichen Café in der Gasse. Dort unterhielten sie sich und waren vergnügt. Sie diskutierten die Angelegenheiten ihrer überschaubaren Gemeinschaft. Sie lösten ihre Probleme im gemeinsamen Geist, der keinen Unterschied zwischen diesem oder jenem machte, da die Zugehörigkeit zu einer bestimmten Konfession nicht von Bedeutung war.

Am Ende des Tages kehrten sie in ihre Wohnungen zurück und legten sich schlafen. Ihre Herzen waren voller Zuneigung für den Nachbarn. Sie beteten füreinander, dass sie Gesundheit, Geld und der Schutz Gottes, des Bewahrers und Erhalters, nicht verlassen möge. Und dann schliefen sie, um sich für den nächsten Tag zu stärken.

20 Jahre nach dieser Szene sind die Kinder herangewachsen. Die überschaubare Gemeinschaft ist komplizierter geworden. Aus der Erde sind teuflische Würmer in Menschengestalt gekrochen. Sie haben den Beziehungen zwischen den golfarabischen Staaten, die zuvor durch Bescheidenheit gekennzeichnet waren, die Unschuld genommen. Sie verbreiteten Hass unter den Angehörigen der unterschiedlichen Konfessionen. Wer nicht der gleichen Konfession angehörte, wurde für ungläubig erklärt. Wer nicht der gleichen Meinung war, wurde gehasst. Der Geist der Liebe wurde geschächtet. Das Blut des Friedens ließen sie auf den Abwegen des Sektierertums, des Konfessionalismus und der Intrigen fließen.

Die Kinder, die im Schoß ihrer Mütter Um Ali und Um Khalid geschlafen und um sie herum gespielt hatten, gerieten miteinander in Streit.

Als die Zuneigung dem Fanatismus zum Opfer fiel, starben Loyalität und Zuversicht. Damit endet die Geschichte zweier Familien, die einmal durch die Liebe vereint waren und nun durch den Konfessionalismus getrennt sind.

Wir sollten in den Spiegel der göttlichen Vernunft sehen!

Diese Vernunft wird uns deutlich machen, dass alle Menschen geschaffen wurden, um die Erde zu bebauen. Wir pflanzen die Liebe, um Frieden zu ernten. Diesen Frieden brauchen wir, um Sicherheit zu erfahren, damit wir uns zunächst in Gottes Liebe eins werden und dann in der Liebe zu unserer Heimat.

Wir sollen uns vor der List jener bösen Seelen in Acht nehmen, die uns einflüstern, dass wir Geißeln des Himmels wären, die andere Menschen bestrafen müssten. Allah, der Erhabene, hat aber mit den Taten dieser Wahnsinnigen, die in seinem Namen begangen werden, nichts zu tun.

Sunnit, Schiit, Sufi, Liberaler, Muslimbruder oder andere Klassifizierungen! Wir sollen uns davor hüten, Ablassbriefe von denen zu kaufen, die sich angeblich in die höchste Stufe des Paradieses eingekauft haben, während den anderen der tiefste Schlund der Hölle vorbehalten bleibt.

Wir sollen uns eines wachsamen, aufmerksamen und nicht eines fremdgesteuerten, manipulierten Verstandes bedienen!

Jeder Atemzug des lebendigen Menschen gehört Gott alleine. Es steht weder mir noch dir als einem Sunniten oder Schiiten zu, diesen Atemzug unter dem Vorwand der Unterschiedlichkeit der Konfessionen oder Religionen zu verkürzen. Denn wir gehören alle Gott, dem Herrscher, dem gerechten Richter. Gott ist derjenige, der in seinem heiligen Buch sagt: „Ihr habt eure Religion, und ich habe meine Religion."

Allah hat selbst seinen Gesandten und Propheten nicht das Recht gegeben, ein Leben zu beenden, um einen Zweck zu erreichen. Wer sind wir überhaupt, dass wir uns das Recht nehmen, im Namen Allahs zu verurteilen oder sogar zu töten?

Ich bin ein Mensch. Ich habe eine Seele.

Ich fühle, ich freue mich, werde traurig, weine, lächle, habe Angst vor Schmerzen und wünsche mir Gesundheit. Ich mache mir

Sorgen um mich, um meine Familie, um meine Kinder. Genau, wie du, der du einer anderen Konfession angehörst. So füge mir keinen Schaden zu und überlass es meinem Gott! Wenn ich einen Fehler begehe, so verdiene ich seine Strafe. Aber seine Barmherzigkeit ist größer als seine Strafe. Seine Barmherzigkeit kennt keine Grenzen.

Wenn ich aber im Recht bin, so mache mir keine Angst, bringe mich nicht um und lass mich Gottes Gnade und Zufriedenheit mit mir spüren und mich daran erfreuen! Verschone mich mit der Beschränktheit deines menschlichen Hasses, der sich gegen jeden richtet, der nicht deiner Meinung ist!

Wir brauchen lautere Absichten und die Reinheit der Herzen, damit wir zu einer Philosophie der Glückseligkeit finden.

Aber wer begreift das?

Wir sind schuld, dass sie verloren gegangen sind

Die unbeantworteten Fragen
sind Einfallstore für den Teufel.

Es waren einmal vier Kinder, die zu Jugendlichen heranwuchsen. Gott gab ihnen so viel Scharfsinn und Klugheit, dass die Fragen ‚was‘, ‚wie‘ und ‚warum‘ immer wieder in ihren Köpfen herumgingen. Sie hatten viele Fragen, die sie beschäftigten und die sie auch aussprachen.

Jeder von ihnen hatte in seinem Kopf eine bruchstückhafte Vision und sprach mit seinen Eltern darüber. Sie hatten viele tiefgründige Fragen, die Geduld und altersgerechte Antworten erforderten, um die fehlenden Teile ihres Weltbilds zu ergänzen und den Sinn zu begreifen.

Alle ihre Fragen überschritten zuweilen die Grenzen der Vernunft. Aber die aufwachsenden Geister entziehen sich unserer Kontrolle und wir haben keine Patentlösung, mit der wir sie dazu bringen könnten, der Stimme der Vernunft zu folgen.

Jeder von ihnen hatte einen Kopf voller Fragen, die er seinen Eltern stellte.

Einer von ihnen hatte Fragen gestellt, die von seinen Eltern als Ausdruck eines unakzeptablen Ungehorsams verstanden wurden. Für sie waren es Fragen, die nicht ausgesprochen werden dürfen, deren Beantwortung abgelehnt werden muss. Sie hatten Angst, dass das Aussprechen dieser Fragen das Tor für noch fundamentalere Fragen öffnen könnte, auf die sie keine Antworten wussten. Außerdem war ihnen ihre Zeit zu kostbar, um sie mit Gedankenspielen über die Geheimnisse des Lebens zu vergeuden, die die Fragen der Kinder provozierten.

Die Eltern hatten keine Lust und schlossen ihre Türen. Gleichzeitig gab der Sohn die Hoffnung nicht auf und klopfte an andere Türen, um Antworten zu bekommen.

Seine Ratlosigkeit, seine Neugierde und sein Wissensdurst machten ihn zur leichten Beute für falsche Freunde, die den Geist manipulieren und Gehirnwäsche betreiben.

Der erste Junge wurde von seinen Freunden auf den Weg der falschen Genüsse irregeleitet. Sie ließen ihn glauben, dass Männlichkeit sich im Geschlechtsverkehr, im Saufen und Rauchen manifestiere. Wenn er wirklich ein richtiger Mann sein wolle, dann seien Drogen die Herausforderung, der sich nur die Mutigen und Tapferen stellen würden.

Leider haben seine Eltern die Tür der Geduld und der Aufnahmebereitschaft geschlossen. Daraufhin haben ihm die falschen Freunde die Türen des Verderbens geöffnet.

Der zweite Junge irrte auf der Suche nach dem rechten Weg des Wissens. Da zeigte ihm sein Verstand ein Tor, innerhalb dessen sich die Barmherzigkeit und außerhalb davon die Qual befand.

Die Verführer weisen den Weg zu falscher Religiosität. Sie manipulieren die Jugendlichen mit verlogenen Versprechen vom Paradies und dessen Annehmlichkeiten, die sie nur mit Blut, Mord und Zerstörung erreichen könnten. Sie versprechen den Jugendlichen, dass das Leben im Vergleich zum Paradies sehr armselig wäre. Die holden Jungfrauen mit den großen, herrlichen Augen würden die Seelen der Jugendlichen erst dann empfangen, wenn sie sich zuvor mit einem Sprengsatz in die Luft gejagt hätten.

Der dritte Junge war noch intelligenter und seine Fragen waren noch tiefgründiger. Er störte sich an den geistigen Mauern und den Toren, die unter dem Vorwand des Schutzes vor Irrtümern geschlossen waren, um einen offenen erhellenden Dialog zu verhindern und ein weiterführendes Denken auszuschließen. Die oberflächlichen Antworten konnten ihn nicht überzeugen. Seine böse Intelligenz verriet ihn und führte ihn mitten in den Sumpf der Gottlosigkeit.

Dem vierten Jungen wurde durch Gott die Gnade zuteil, in einer Familie zu leben, die in die Intelligenz ihrer Kinder investierte, mit ihrer Ratlosigkeit konstruktiv umging und eine Zuflucht für sie war.

Der unaufgeregte Dialog war in ihrem Alltag stets gegenwärtig. Meinungsverschiedenheiten wurden niemals zum Funken, der einen Streit hätte auslösen konnte. Im Gegenteil waren es befruchtende Meinungsverschiedenheiten, die sie zu tieferen Erkenntnissen brachten. Sie erreichten ein hohes Niveau des individuellen, autonomen Denkens, das sich keiner Führung unterordnete.

Das Resümee

Schließt eure Augen!

Geht in euren Gedanken in lang vergangene Jahre zurück!

Dann macht einen Halt in eurer Kindheit, als sich hunderte offener Fragen in euren Köpfen drehten. Legt danach einen Halt während der wissenshungrigen Jahre der Pubertät ein. Die Ratlosigkeit war wie ein Wollmantel im Hochsommer. Der Jugendliche erstickte daran, ohne jemanden zu finden, der ihm dabei half, den Mantel der Verirrung abzulegen und die Knöpfe der Rätsel zu lösen.

Wenn ihr im Gasthaus der fernen Vergangenheit sitzt und den Kaffee der Erinnerungen trinkt, erinnert euch auch daran, dass wir lediglich eine kleine Portion Erklärung gebraucht hätten, um unseren Durst nach Wissen zu stillen. Wir wollten den Drang nach Erkenntnis nachgehen.

Das ist genau, was unsere Kinder jetzt brauchen. Das gilt insbesondere im Wettbewerb der Geisteshaltungen, bei dem Seelen geraubt und Gehirne gewaschen werden. Die Mafia des Sex und des Terrorismus konkurrieren darum.

Seid euren Kindern, neben Gott, dankbar, dass sie sich nicht von jemandem verführen und irreführen lassen! Sorgt dafür, dass die Fragezeichen in ihrem Leben verschwinden! Versucht, so gut es geht, die Rätsel des Lebens zu erklären, damit sie die Visionen dahinter entdecken können. Sie sollen Menschen werden, die selbständig denken und niemanden bedingungslos folgen. Denn das könnte sie entweder in das Grab des Terrorismus oder zu zerstörerischer Morallosigkeit führen.

Das sind Grundlagen im Umgang mit unseren Kindern, auf die wir unsere Erziehung bauen sollen. Somit können wir sie, mit Gottes Hilfe, für ein erfolgreiches Leben stärken und mit ihnen die Philosophie der Glückseligkeit in bestmöglicher Form leben.

Möge Allah unsere und eure Kinder vor den menschlichen Teufeln und den falschen Propheten schützen!

Damit wir nicht überrascht werden

*Im Zeitalter der Technologie
haben wir Angst um unsere
Kinder, insbesondere vor den
Gefahren, die der Terrorismus
durch die modernen sozialen
Netzwerke verbreitet.*

Bis vor einer kurzen Zeit waren wir als Eltern bemüht, unsere Kinder von allem fernzuhalten, was Gewalt und die in ihr liegende Aggression hervorbringen könnte.

Neben Ratschlägen, dem guten Vorbild und unserer Zuwendung wollten wir darauf achten, sie stets vor Szenen blutrünstiger Gewalt in Spielfilmen zu schützen.

Das war einmal, als wir noch die Kontrolle innehatten. Damals gab es ein strenges, patriarchalisches System der Erziehung, das sich auf alles erstreckte, was die Sinne erreichte und was unter unserer Kontrolle stand. Wir Eltern hatten Angst davor, dass unsere Kinder eines Tages zu Kriminellen oder Psychopaten heranwüchsen, wenn sie die Gewaltszenen in ihrem kindlichen Unterbewusstsein verinnerlicht hätten.

Aber in der Zeit der technologischen Intelligenz, in der wir leben, sind aus den Spielfilmen authentische Szenen mit wirklichen Akteuren geworden. Das Filmblut hat sich in wirkliches Blut verwandelt, das aus lebendigen Körpern in Strömen fließt. Der Tod ist nicht mehr nur inszeniert sondern geschieht tatsächlich.

Die Bilder des Tötens, Schächtens, Verbrennens, Blutens und Folterns können alle per Knopfdruck auf einem kleinen Display abgerufen werden. Wir können unser Handy in die kleinsten Taschen stecken, damit uns die Szenen wie Schatten überall und zu jeder Zeit begleiten

Diese Szenen lassen die Haare der Erwachsenen zu Berge stehen, während die Kinder diese Szenen herzlos und ohne Abscheu in ihrer Phantasie genießen. Wir haben Angst vor dem Gedankengut des so genannten „IS", das sich hinterhältig in der digitalen Welt verbreitet. Es vernichtet die Unschuld der Kindheit, tötet Barmherzigkeit, Menschlichkeit und das Gewissen in einem frühen Alter, damit sich der aufwachsende Geist der Kinder den Plänen der teuflischen Menschen fügt.

Der gesäte Hass lässt sie diese Pläne brutal und kaltblütig durchführen.

Das Erschreckende dabei ist, dass der Tod des Herzens eine Wiederbelebung des Gewissens und den Appell an einen vernünftigen und logisch denkenden Verstand unmöglich macht.

Deshalb stehen wir immer noch am Anfang. Wir brauchen konsequente, grundlegende Lösungen, um die Epidemie des Wahnsinns zu stoppen.

Wir brauchen außergewöhnliche Anstrengungen und ehrliche Zusammenarbeit zwischen dem Staat, den Experten in der Gesellschaft, den Religionsgelehrten, den Fachleuten der Sozialwissenschaften, Psychologie und Pädagogik, um die Flut des Bösen einzudämmen. Wir müssen eine ganze Generation davor bewahren, zu Untoten zu werden, die Unheil verbreiten, sich durch fremdes Blut am Leben erhalten und sich an der Zerstörung weiden.

Wir brauchen weitsichtige Politik und vorbeugende Reformpläne, die nachhaltige Lösungen hervorbringen, anstatt eine unfruchtbare Politik der Zensur, die zum großen Teil dazu beigetragen hat, die Neugierde der Jugendlichen zu wecken und sie verleitet, mehr Bilder der Tötungsverbrechen zu recherchieren. Die anfängliche Neugierde wandelt sich nach und nach in eine Leidenschaft und wird schließlich zur Praxis.

Wir brauchen den Dialog. Wir brauchen die Mitwirkung. Wir brauchen eine Zusammenarbeit, die uns dabei hilft, die Lösungen aus der Persönlichkeit derer heraus zu entwickeln, die wir schützen wollen. Denn wir werden ihre Seele niemals schützen können, ohne uns vorher mit ihrer Geisteshaltung vertraut gemacht zu haben, ohne die Gassen und Winkel ihrer Begierden und Wünsche kennenzulernen und herauszufinden, wie man diesen Bedürfnissen gerecht werden kann.

Wir müssen aufwachen, bevor wir dazu gezwungen sein werden, uns einen eng begrenzten Platz auf der weiten Erde Gottes zu suchen, um unser Leben vor ihnen zu schützen. Denn das Böse kann von unserem Nächsten in unsere Häuser gebracht werden.

Es ist schmerzhaft, über dieses Thema zu schreiben. Nicht auszudenken, wenn die Befürchtungen zur Realität würden!

Es empfiehlt sich, vorsichtig und achtsam zu sein! Wir sollen uns eingehend darüber Gedanken machen, wie wir die Teufel nachhaltig bekämpfen, damit ihre Bosheit und ihre Zerstörungskraft uns nicht erreichen, damit wir nicht in dem von ihnen vergossenem Blut und in ihrer Brutalität versinken. Damit würden die Glückseligkeit und ihre Philosophie aus unserer Welt verschwinden.

Bevor es zu spät ist

Moral mit Augenmaß

Vor 16 Jahren...

Sein erster Schrei brachte ihr so viel Freude, dass sie ihre Leiden während der schwierigen Schwangerschaft vergaß. Sie dachte nicht mehr an ihre Schmerzen, als sie sein ängstliches Weinen vernahm. Er spürte den ersten kalten Lufthauch der Welt, nachdem er die Sicherheit ihres warmen Mutterleibs verlassen hatte.

Sie hatte große Sehnsucht danach, diesen zarten Körper zu umarmen. Ihr Herz, das mit der Liebe zu diesem kleinem Geschöpf erfüllt war, hatte trotz der übergroßen Müdigkeit und der starken Schmerzen keine Geduld mehr. Sie umarmte ihn voller Liebe, Sehnsucht und Güte, noch bevor die Krankenschwester das Blut von seinem Körper waschen konnte - das Blut, das ihre Kraft genommen und das Kind hat wachsen lassen.

Sie nahm ihn an die Brust. Er beruhigte sich und schwieg, nachdem er ihren Körpergeruch wahrgenommen hatte. Er hörte ihre Stimme, an die sich sein junges Gedächtnis erinnerte. In diesem Gedächtnis gab es nur den Duft und die Stimme seiner Mutter, die ihn während der Schwangerschaft in ihrem Körper begleitet hatten. Sie schaute in seine kleinen Augen. Sie betrachtete seine unschuldigen Gesichtszüge, als er zum ersten Mal gestillt wurde. Ihre Brust war voller Liebe zu ihm, voller Hoffnungen und Wünsche, dass er ihr eine starke Stütze sein würde. Sie würde in ihrer Jugend mit ihm angeben und stolz auf ihn sein. Im Alter würde sie sich auf ihn stützen, wenn sie ihren Rücken nicht mehr aufrichten konnte.

Es vergingen viele Tage. Aus den Tagen wurden Jahre, in denen ihr Junge aufwuchs. Er lernte Laufen und Sprechen. Er wurde ein höfliches, ruhiges Kind und ein kluger, fleißiger Schüler. Er hörte auf seine Eltern und war beliebt bei jedermann. Die Persönlichkeit, die er entwickelte, ließ auf einen Mann schließen, der in Zukunft zu den Besten gehören sollte.

Das Leben der Menschen geht verschiedene Wege. Das Leben ihres Sohnes bestand aus einer glücklichen, harmonischen, unbekümmerten Kindheit. Am Ende der Kindheit machte er die ersten Schritte auf dem Weg ins Jugendalter.

Er hatte gute Manieren, liebte die Wohltaten, befolgte religiöse Vorschriften und behandelte seine Eltern respektvoll. Er lernte den Koran auswendig und war in allem ausgeglichen. Die Menschen liebten ihn. Er hatte eine gesunde Veranlagung. Die Frömmigkeit seiner Eltern ließ auch ihn fromm werden. Er verabscheute die Taten, die Gott verboten hatte, und sehnte sich nach allem, was ihm Gott näherbrachte.

Deshalb waren seine Eltern stolz auf ihn. Sie wollten seine Frömmigkeit weiter stärken und sorgten dafür, dass er an religiösen Vorträgen, Aktivitäten und Ausflügen teilnahm. Dabei spielte es keine Rolle, wo sie stattfanden. Sie vertrauten auf die Bärte der Veranstalter. Diese Bärte waren der Passierschein und der Schlüssel zum Vertrauen der Eltern, die ihnen ihren Sohn ohne Kontrolle überantworteten. Sie waren sicher, dass er von diesen Männern religiös erzogen würde, was ihn von den Verlockungen und dem Übel der Welt bewahren sollte.

Was aber geschah, war genau das Gegenteil. Das Benehmen dieses ausgeglichenen und gemäßigten Jungen änderte sich nach und nach. Er wollte einsam sein. Seine Kritik an seinen Eltern und Geschwistern wurde unnachgiebig. Er hasste jeden, der ihm widersprach oder anderer Meinung war. Die Liebe, die einst sein Herz erfüllte, verwandelte sich in eine Wüste des Hasses, die sich in seinem Herzen immer weiter ausbreitete. Immer öfter war er von zu Hause abwesend. Alle Versuche seiner Eltern, ihn auf den rechten Weg zurückzubringen, scheiterten. Es blieben nur die Tränen seiner Mutter, die den Respekt ihres Sohnes verloren hatte und die

Bemühungen seines Vaters, der nicht mehr in der Lage war, seinen Sohn wieder unter seine Obhut und Kontrolle zu bringen.

An einem schwarzen, deprimierenden Tag nach einer langen Abwesenheit des Sohnes und nach dem vergeblichen Bemühen der Eltern, ihn ausfindig zu machen, wurden seine Eltern von der Neuigkeit überrascht, dass ihr Sohn von den Sicherheitsbehörden gesucht wurde. Er wurde verdächtigt, Mitglied eines Terrornetzwerkes zu sein. Dieses Netzwerk handelte wider die Scharia und nahm für sich fälschlicherweise in Anspruch, Taten im Namen Gottes zu begehen. Die teuflischen Menschen, die falschen Propheten und Verführer haben die Jugend des Sohnes, seinen Eifer und seinen Ehrgeiz, seine Männlichkeit zu beweisen, ausgenutzt.

Da haben die Eltern erkannt, dass ihre Hoffnungen in ihn vergeblich waren und dass ihr Sohn für immer verloren sein würde.

Sie trauerten um ihn in ihren Herzen. Ihre Tränen flossen unaufhörlich.

Das Resümee

In unserer Zeit sind der Bart, das kurze Kleid der Männer und die Vollverschleierung der Frauen, das ständige Zitieren von Koranversen und von Prophetensprüchen kein Beweis mehr für Frömmigkeit. Wir dürfen nicht mehr diesen scheinheiligen Religiösen vertrauen und ihnen unsere Kinder anvertrauen. Sie könnten sie manipulieren und sie zu Werkzeugen ihrer Gewalt machen, um die Sicherheit des Landes zu gefährden und das Leben von Menschen zu bedrohen.

Wenn wir wollen, dass unsere Kinder mehr Kenntnisse über die Religion bekommen, dann müssen wir uns zuerst genau über die Gelehrten und über ihre Aktivitäten informieren. Erst dann können wir uns vergewissern, ob es sich dabei um authentische Religionsgelehrte oder falsche Gelehrte der Heuchelei, des Betrugs und der Irreführung handelt. Das müssen wir machen, bevor wir ihnen unsere Kinder anvertrauen und bevor die Axt den Kopf der Glückseligkeit mit unseren Liebsten auf Erden abschlägt.

Wir müssen dafür Sorge tragen, dass keiner uns die Freude nimmt und uns die Hoffnung zunichtemacht, dass unsere Kinder doch redliche und glückliche Menschen werden.

Zeit des Dialogs

In unserer Zeit wäre es schön,
wenn wir von den Kindern
lernen würden.

Es gibt viele Geschichten, die ich von meinem kleinen Sohn erzählen kann. Wir führten einst eine Diskussion, während der sich der Ton zwischen uns verschärfte.

Wir bereiteten uns auf einen familiären Anlass vor und konnten uns nicht darüber einigen, was er anziehen sollte. Er hatte eine andere Vorstellung von dem, was er tragen sollte, als ich. Ich hielt an meiner Meinung fest und er gab nach. Aber er sagte mir etwas, was mich meine Haltung überdenken ließ. Nämlich:

„Mama! Ich habe auf dich gehört, weil du meine Mutter bist und weil ich nicht will, dass du dich ärgerst. Aber ich habe eine eigene Meinung, die du respektieren sollst. Denn nicht alles muss nach deiner Pfeife tanzen."

Oft stellen Ereignisse und Situationen des alltäglichen Lebens unsere Überzeugungen, Ideen und unsere Lebensweise in Frage.

Dann fangen wir an, Dinge zu überdenken und versuchen, alles zu erneuern. Schließlich wollen wir mit der Zeit gehen und die Kluft zwischen Alt und Jung schließen. Wir wollen nicht in das Mahlwerk althergebrachter Überzeugungen geraten, die in der heutigen Zeit ihre Gültigkeit verloren haben.

Da das Leben schon immer eine große Schule gewesen ist und die Alltagssituationen ihre Lehrbücher, so lernte ich von meinem Sohn, dass sich die Zeiten ändern und dass sich die menschliche Erkenntnis weiterentwickelt.

Ich dankte meinem höflichen Sohn dafür, dass er mir aus Liebe und Respekt gehorchte. Gleichzeitig hatte er die starke Persönlichkeit, um mir zu sagen, dass er ein selbständiger Mensch mit einer eigenständigen Persönlichkeit und keine willenlose Puppe sei, die nur zu folgen habe.

Ich lernte von meinem kleinen Sohn, dass der sklavische Gehorsam der Menschen meiner Generation, die nicht einmal ihren Eltern in die Augen zu schauen wagte, für die heutige Zeit nicht mehr angemessen ist. Unsere Zeit ist von vielen Verführungen zur Gewalt, von Irreführung und Manipulation geprägt. Unsere Generation hatte nicht den Mut zu sagen: „Nein, das lehne ich ab!" In der heutigen Zeit aber brauchen wir den Dialog, um Entscheidungen zu treffen und diese offen zu vertreten. Diese sollen auf unserem freien Willen basieren. Denn blinder Gehorsam kann uns ins Verderben führen und auf Abwege geraten lassen.

Ich begriff, dass die Mutter mit ihrem Vorsprung an Jahren zu einer Schülerin des kleinen Sohnes werden konnte. Sie konnte von ihm das lernen, was ihr die Erfahrung der Jahre nicht vermittelt hatte. Wenn sie stur geblieben wäre und behauptet hätte, dass sie besser wüsste, was für ihn gut wäre, hätte sie seine Entwicklung zur Selbständigkeit behindert und ihn in der Phase des Dialogs verloren.

Deshalb:

Als Mutter brauche ich intensive Gespräche, die die verschiedenen Generationen um den Diskussionstisch versammeln. Diese Dialoge schulen das sich herausbildende Urteilsvermögen und geben dem unbändigen, revolutionären Eifer Orientierung, um die Wege des Lebens gelassen und ohne Hektik beschreiten zu können.

Wir alle brauchen flexible, spannende und offene Diskussionen, damit wir aus unserem Elfenbeinturm herauskommen. Wir glauben, uns erwüchse die Weisheit aus unseren langjährigen Erfahrungen, über die unsere Kinder nicht verfügten. Wir müssen aber offen für die Veränderungen des Zeitalters sein, um sie wahrnehmen zu können. Wir müssen begreifen, dass die neue Generation intelligent, scharfsinnig und aufgeweckt ist. Das könnte uns zu Schülern machen, die von den Lehrern dieser Generation lernen können.

Der Dialog lässt die Kluft zwischen den Generationen so schnell verschwinden, wie sich ein Stück Zucker in einer heißen Tasse Tee auflöst.

Der Diskurs macht aus einem Kind oder einem Teenager einen verantwortungsvollen Menschen. Diese Verantwortung leitet er aus seiner Freiheit, eigene Entscheidungen zu treffen, ab. Er unterwirft sich nicht den Machstrukturen der Familie oder der Überheblichkeit der Gesellschaft, die der falschen Vorstellung verhaftet ist, das Individuum oder die junge Generation wäre unerfahren.

Der Dialog gibt den Kindern und den Jugendlichen das Selbstvertrauen, das sie zweimal nachdenken lässt, bevor sie jemandem ihre Seele ausliefern oder sich für jemanden opfern, der sie für seine Zwecke missbrauchen will. Diese Zwecke könnten uns Eltern umbringen und gleichzeitig die Sicherheit unserer Gesellschaft gefährden.

Es ist ratsam, den Dialog der Generationen bei den Foren, Konferenzen, Bildungs- und Unterhaltungsprogrammen sowie den freiwilligen Programmen zu fördern. Wir müssen alle Mittel einsetzen, die Gegenwart mit der Vergangenheit zu versöhnen, damit die Generation von heute aus den Erfahrungen der Generation von gestern profitiert und damit die ältere Generation ihre Souveränität und ihr Selbstwertgefühl wahren kann. Die ältere Generation ist bemüht, den Schatz der Erfahrungen und der Weisheit in einer unglaublich schnelllebigen Zeit zu erhalten.

Dann könnte sich die schönste Philosophie der Glückseligkeit konfliktfrei verwirklichen.

Engel und Teufel

*Im Menschen walten Engel und
Teufel. Wir sind diejenigen, die
der einen oder der anderen
Macht die Oberhand überlassen.*

Die Engel wohnen nicht auf Erden. Und die Teufel haben keinen
Platz im Himmel. Allein im Menschen treffen sie aufeinander. Mit
dem Spielraum der freien Wahl, die Gott dem Menschen gegeben
hat, entscheidet der Mensch, ob er die Waagschale seiner engelhaften oder teuflischen Natur überwiegen lässt.

Eine Mischung aus Licht und Feuer- das ist die Schöpfung Gottes, der die Menschen erschuf. Er, der Erhabene, ließ diesen Wider-
spruch in der menschlichen Natur zu. Gleichzeitig gab er dem
Menschen den Verstand, der ihn über alle anderen Geschöpfen
erhebt. Damit steht der Mensch vor der Aufgabe, sich für einen
Lebensweg zu entscheiden. Er hat die Wahl. Im Koran steht: „Und
(wir haben) ihm die zwei Wege geführt." (Sure 90/10)

Deshalb:

Wir sind menschliche Kreaturen. Es wäre ein Fehler, sich unserer menschlichen Natur zu widersetzen und uns in den schweren
Mantel des Idealismus mitten im Sommer der menschlichen Natur
zu zwängen.

Der Idealismus ist eine große Last und führt ins Nichts. Denn
wer behauptet, Idealist zu sein, der kommt aus dem Himmel oder
aus einem platonischen Idealstaat.

Solche Menschen stellen eine Minderheit dar. Denn in dieser
Welt hat Gott das Gute und das Böse geschaffen, um das Gleichgewicht des Lebens zu wahren. Damit stellt Gott den Menschen

durch die freie Wahl seines Weges auf die Probe. Das Individuum entscheidet sich freiwillig für die eine oder die andere Seite.

Die wahre Glückseligkeit liegt in einem situationsbedingten, moralischen Idealismus, der durch das Gute das Böse in uns überschattet. Das Böse in uns versucht, uns dazu zu verleiten, die Wünsche, die Ziele und die Genüsse des Lebens über unlautere Wege zu erreichen. Die Teufel in uns treten die menschlichen Gefühle mit den Füßen und ignorieren die Gebote der Moral. Sie verwandeln uns in Menschen, die mit engelsgleich leuchtenden Kronen versuchen, die Hörner des Teufels zu verstecken.

Deshalb sollen wir nicht den falschen Idealen unserer neuen Medien glauben. Wir dürfen keinen Menschen danach beurteilen, was über ihn in den Netzwerken geschrieben wurde und seine eigenen Aussagen ignorieren.

Oft lesen wir bei Snapchat oder Twitter etwas, das sich in Wirklichkeit ganz anders darstellt.

Das spielt keine Rolle, solange wir die Fähigkeit haben, den Wahrheitsgehalt schöner Worte zu überprüfen und Ansätze zum Guten auch in einer schlechten Persönlichkeit zu entdecken.

Es wäre wunderbar, wenn wir das Leben einfach leben. Dann würde sich die erwünschte Glückseligkeit ohne Scheinheiligkeit oder verlogenen Idealismus verwirklichen.

Ausgang- Aber wohin?

Die Erfüllung nach dem Tod
währt eine Ewigkeit.

Die Welt! Weißt du, was die Welt ist?

Sie ist ein großes Schloss mit vielen Türen. Wir treten durch einige ein und gehen aus anderen hinaus.

Der Unterschied zwischen unserem Eintreten und Hinausgehen besteht darin, dass wir beim Eintreten die Tür nicht wählen können. Aber am Ausgang stehen uns verschiedene Türen zur Wahl weit offen.

Die Frage lautet:

Wer von uns macht sich Gedanken darüber, wie er aus der Welt hinausgeht? Aus welcher Tür?

Zwischen dem einen Pfeil, der den Eingang weist und einem anderen Pfeil, der in Richtung Ausgang zeigt, gibt es ein öffentliches Leben, das keinem Individuum gehört.

Es ähnelt einer Energiestation, die die Herzen schlagen lässt und uns die nötige Kraft zum Atmen verleiht, um die Erde zu bebauen und zu bevölkern.

Die Grundlagen und Bedingungen des Lebens sind überall gleich. Wir alle essen, trinken, arbeiten, bekommen Kinder, freuen uns, werden traurig, treffen uns, gehen auseinander, bebauen und bevölkern, zerstören usw. Alles lässt sich auf menschliche Eigenschaften und biologische Prozesse zurückführen.

Aber es gibt andere Leben. Darunter verstehe ich eine große Gruppe von Nebenleben, die sich aus dem Hauptleben ableiten. Jeder Mensch formt sich diese Nebenleben seinen Wünschen entsprechend und schafft sich so eine eigene Identität unter der Überschrift „Mensch".

Ist man positiv oder negativ eingestellt,

sozial oder zurückgezogen,

tapfer und mutig oder schwach und feige,

gläubig oder fern vom Glauben,

schöpferisch, innovativ oder normal und traditionell,

aufgeweckt, selbständig, individualistisch, teamfähig

oder unachtsam, gehorsam, unfähig, eine eigene Persönlichkeit zu entwickeln und deshalb nur in der Lage sich anderen unterzuordnen?

Jeden Tag, jede Stunde erfahren wir vom Tod eines Menschen. Dann läuft vor unseren Augen sein Leben wie ein Film ab. Unsere Tränen fließen, wenn es sich um einen Menschen gehandelt hat, der anderen half, der Menschen glücklich machte, viel im Leben erreichte, der Menschen liebte, in Frieden lebte und anderen Frieden schenkte.

Aber wir empfinden Genugtuung, wenn es sich um einen Menschen handelte, der tyrannisch war, der anderen Menschen Unrecht antat oder voller Hass war, den er andere spüren ließ.

Es gibt Vorbilder in den Bereichen der Missionsarbeit, der Politik, der Kunst, der Wirtschaft und der sozialen Arbeit.

In der Missionsarbeit:

Abdulrahman Al-Sumait starb vor einigen Jahren. Sein leuchtendes Beispiel ist aber immer noch für viele Menschen lebendig. Rund 11 Millionen Gläubige beten für ihn, nachdem er sie auf den Weg des Islams gebracht hatte.

In der Politik:

Vor kurzer Zeit ist seine königliche Hoheit, Prinz Saud Al-Faisal, aus einer bestimmten Tür hinausgegangen. Die Tür, die er wählte, repräsentiert seinen politischen und persönlichen Lebenslauf, der von Weisheit, Intelligenz, Selbstdisziplin und Verantwortungsbewusstsein geprägt war.

Humanismus:

Prinzessin Diana ging aus einer Tür hinaus, die uns an Schönheit, Menschlichkeit, Freigiebigkeit und Einfachheit erinnert. Sie widersetzte sich dem Leben im Luxus und der Liebe ihres Lebens. Das tat sie, obwohl sie sehr unter Liebeskummer litt.

Kunst:

Omar Sharif folgte seiner Ex-Frau, Fatin Hamama, kurz nach ihrem Tod. Das erinnert uns immer an die Romantik, die Feinfühligkeit und die Zärtlichkeit. Als würde man langsam im Takt des träumerischen Herzens tanzen.

Das Resümee

Zwischen der Einreise in die Welt und der Ausreise gibt es viele Flughäfen und viele Passkontrollen, die wir durch unsere Achtsamkeit, unsere Arbeit und unsere Leistungen passieren. Mit unserem guten Ruf gewinnen wir die Herzen der Menschen, gelangen zur Blüte des Lebens und verlassen die Welt mit dem Nachhall der guten Erinnerungen bis in alle Ewigkeit.

Das ist die Philosophie der Glückseligkeit, die für alle Ewigkeit in Gott bewahrt ist. Denn der wachsame Mensch hat in seinem Leben dafür Sorge getragen, dass seine Seele erhaben und edel wird. Er lebt, solange Gott es ihm zugedacht hat, in Glückseligkeit. Nach seinem Tod bleiben sein guter Ruf, die schönen Erinnerungen an ihn und sein ewiger Geist unter den Menschen, bis Gott die Erde und alles, was darauf ist, zu sich nimmt.

Der Tod, ein anderes Leben

Wer behauptet, dass der Tod das
Ende wäre?

Der bekannte, frühislamische Dichter Abu Al-Atahiya sagte: Jeder Mensch hasst den Tod. Würde er aber ihn mit seinem Verstand betrachten, dann sähe er in ihm die größte Ruhe.

Ein anderer Dichter sagte: Möge Gott den Tod für uns reichlich belohnen. Denn er war gnädiger mit uns als jeder andere. Er befreit die Seelen vom Leiden. Und er bringt die Toten zu jenem Leben, das noch edler ist.

Im Himmel der Seele schmerzen mich die Wolken der versammelten Qualen, die die Tränen über die Wangen fließen lassen und Furchen tiefer Trauer graben.

Es gibt viele Ursachen. Aber die Trauer bleibt dieselbe. Der Unterschied besteht lediglich in der Heftigkeit des Schmerzes, der sich unserer Seele bemächtigt. Nichts wie der Tod lässt die Wurzeln der Trauer so tief in die Seele schlagen.

Würden wir nur kurz innehalten, so würden wir feststellen, dass dem Tod eine sehr schöne Philosophie zu Grunde liegt. Wenn wir diese Philosophie begreifen würden, dann würde sich der Hass in eine erstaunliche Liebe verwandeln.

Meine Worte sind keine theoretische Philosophie. Sie sprechen aus meinen Erfahrungen.

Vor wenigen Tagen habe ich mich von meiner Tante verabschiedet. Sie war nicht nur die Schwester meiner Mutter, sondern meine zweite Mutter. Sie teilte sich mit meiner Mutter meine Erziehung und hat mich nachhaltig geprägt.

Ich habe geholfen ihren Leichnam für die Bestattung vorzubereiten.

Alle weinten bitter. Ich vergoss nur wenige Tränen. Meine Mithilfe hatte zwei Gründe.

Erstens wollte ich die Angst vor dem Tod bannen. Ganz gleich was man tut, hat der Tod doch seinen Schrecken und gebietet Ehrfurcht und Respekt. Das ist eine Tatsache, die man nicht ignorieren kann.

Zweitens wollte ich meine zweite Mutter in ihrem weltlichen Körper nochmals sehen.

Leichte Tränen fielen und wuschen die restlichen Ängste von meiner Seele. Meine menschliche Natur konnte dies nicht verhindern. Dann hatte ich aber ein anderes Gefühl, das mir, dank Gott, eine wundersame Kraft, eine seltsame, innere Freude und eine überwältigende Liebe, die die Herzen aller Menschen füllen konnte, verlieh.

Ich näherte mich meiner Tante, möge Gott sich ihrer erbarmen. Ich küsste ihren Kopf. Dann betrachtete ich ihr Gesicht und den restlichen Körper, der kraftlos vor uns lag.

Ich sah ein helles, weißes Licht, das die blauen Flecken vom Krankenhaus, vom Druck der Beatmungsgeräte und den schmerzhaften Schläuchen der Ärzte überstrahlte.

Ich sah, wie der Frieden dieser Seele den vor uns ausgestreckten Körper berührte und ihm seine Schönheit zurückverlieh. Meine Tante war durch ihre Schönheit bekannt, die ihr die Jahre nicht haben nehmen können. Das vermochte allein die Krankheit.

Ich sah einen Frieden, der mich tief berührte und nachdenklich stimmte. Die Menschen um mich herum dachten, ich verhielte mich tapfer und schicksalsergeben. Sie wussten nicht, dass ich nur den Tod aus einem philosophischen Blickwinkel betrachtete. Ich sah den Tod als ein Segen und nicht als ein Übel für die Menschen, deren Seele Gott, dem Barmherzigen, dem Gnädigen, zugewandt ist.

Warum fürchten wir den Tod?

Ist der Tod nicht der Beginn einer Reise in die Welt der ewigen Glückseligkeit, die keine Grenzen kennt?

Gibt es nicht in der jenseitigen Welt ein Leben voller Freude, das nicht den Schwankungen der Umstände, das nicht den Einflüssen von Zeit und Ort unterworfen ist? Ist das wahre Leben nicht das Leben der Seele? Der Körper ist lediglich das Behältnis, bis die von Gott bestimmte Stunde schlägt. Dann geht die Seele zu Gott, dem König, dem Heiligen, dem Herren der Schöpfung und der Seelen, dem Ehrwürdigen, dem Barmherzigen und Machtvollen, ein. Er belohnt uns mit Glückseligkeit, wenn wir unsere Seele zurückerhalten. Er heilt die Wunden der Niederlagen auf der vergänglichen Erde. Er belohnt uns für unsere Geduld mit einer Glückseligkeit, die niemals aufhört.

Bekommen die guten Diener Gottes nicht eine Belohnung, die kein Auge jemals zuvor sah, kein Ohr jemals zuvor hörte und kein Geist jemals zuvor dachte? Diese Belohnung haben sie sich durch ihre Dankbarkeit für Gottes Gaben, ihre Gottesliebe und durch die Reinheit ihrer Seele verdient.

Stellt der Tod nicht eine neue Geburt für uns dar?

Beginnt nicht ein neues Leben in einem Paradies ohne Abschied, ohne Leiden und ohne Mühsal für denjenigen, dessen Seele rein und dessen Liebe zu Gott aufrichtig ist?

Geht es nicht um eine Liebe, die im festen Glauben gründet, dass Allah, der Erhabene, Gott der Liebe ist, Gott der Stärke, der Barmherzigkeit und der Allmacht?

Hat der Tod nicht eine erstaunliche Philosophie?

Er hat eine Oberfläche.

Es ist lediglich die Oberfläche des Todes, die ich bislang wahrgenommen hatte. Die Oberfläche ist das, was die meisten Menschen sehen: Vergehen und Dahinschwinden. Auflösen in der Welt der Gräber.

Er hat aber auch einen Kern.

Eine neue Geburt, ein Leben und eine ewige Welt voller unvergänglicher Glückseligkeit.

Während ich über den Tod nachdachte, war meine Seele ergriffen. Denn ich hörte die Sure „Der glorreiche Morgen" gesprochen von der Stimme Scheich Abdulbasit Abdulsamads, möge Allah sich seiner erbarmen. Ich war auf dem Weg zum Ort der Totenwaschung.

In der Sure 93 heißt es: „Dein Herr hat dir nicht den Abschied gegeben und verabscheut (dich) nicht. Und das Jenseits ist besser für dich als das Diesseits. Dein Herr wird dir (dereinst so reichlich) geben, dass du zufrieden sein wirst."

Ich war vollkommen ruhig und wiederholte die Verse mit kräftiger Stimme. Ich lächelte, als hätte ich endlich meinen Geliebten im Himmel getroffen, dessen Körper verschwunden war, dessen Seele und guter Ruf aber bei uns in der Welt der Lebenden geblieben ist, solange es Gott gefallen hat.

„Dein Herr hat dich nicht verlassen und nicht verworfen. Das Jenseitig-Letzte ist besser für dich als das Erste. Dein Herr wird dir geben, da wirst du zufrieden sein." (Sure 3/185)

Das Resümee

Was am Tod schmerzt, ist die Sehnsucht nach einem Körper, in dem die Seele wohnte, die wir liebten. Aber wenn wir kurz innehalten, werden wir begreifen, dass wir durch Bittgebete, Spenden und Wohltaten in ständigem Kontakt mit den unsterblichen Seelen sind.

Gott ist barmherzig und lässt uns in Form des Traumes miteinander in Verbindung treten, wenn die Sehnsucht zu stark wird.

Wir tun dem Tod Unrecht, wenn wir ihn mit dem Dahinschwinden gleichsetzen.

Der Tod ist eine neue Geburt. Er führt zu einem Leben voller Glückseligkeit in einer unvergänglichen Welt für denjenigen, dessen Herz von Frömmigkeit erfüllt ist.

Krisenmanagement

Das Beste an der Krise ist die
Erfahrung, die aus ihr erwächst.

Wer hat nicht die Geschichte von Ahmed Mohammed Al-Hassan gehört? Sie handelt von jenem sudanesischen Kind, dessen Geschichte in der letzten Zeit die sozialen Netzwerke, die Printmedien, den Rundfunk und das Fernsehen beschäftigte.

Ahmed ist ein muslimischer Schüler. Seine außergewöhnliche Intelligenz stellte er mit der Erfindung einer besonderen Uhr unter Beweis. Er nahm sie mit in die Schule, um seine Lehrerin damit zu überraschen. Es war ein schrecklicher und glücklicher Morgen zugleich, ein Morgen an dem sich beide Gegensätze vereinten. Ahmed war schockiert, enttäuscht, verängstigt und traurig, da seine Lehrerin ihm zutiefst misstraute. Sie steigerte sich in den Gedanken hinein, dass der muslimische Junge eine Bombe hergestellt und sie in seiner Tasche in die Schule mitgebracht hätte. Sie hielt ihn für einen jungen Terroristen und verständigte deshalb die Polizei. Ahmed wurde an diesem furchtbaren Morgen festgenommen.

Da Ahmed ein unschuldiger Junge war, der keine Straftat begangen hatte, außer dass er ein brillanter, intelligenter Muslim war, wurde er noch am gleichen Morgen freigelassen. Der Tag meinte es dennoch gut mit Ahmed, denn er brachte ihm gleichzeitig ein großes Glück. Ahmed wurde von einem Tag auf den anderen zu einer bekannten Persönlichkeit. Er ließ das Tal der Trauer und des Schocks hinter sich und landete im Himmel der Anerkennung, der Bestätigung und der Berühmtheit.

Wer hätte gedacht, dass sich Barack Obama und Hillary Clinton bei ihm für das Missverständnis persönlich entschuldigten? Bekannte Firmen wetteiferten um seinen Kopf, um von seiner Begabung zu profitieren.

Bis dahin klingt die Geschichte normal.

Aber :

Wer von uns hat das Glück, eine solch überwältigende Reaktion zu erfahren? In Amerika und in anderen Ländern der Welt werden die Freiheiten täglich tausendmal verletzt. Die Würde von Millionen Menschen wird mit den Füßen getreten. Die Unschuld vieler Millionen Kinder wird, insbesondere in unserer arabischen und islamischen Welt, getötet. Das Gewissen rührt die Erwachsenen nicht, um die Kinder und die Schwachen vor dem aktuellen, himmelschreienden Unrecht zu schützen.

Woher kommt denn auf einmal diese Flut an Entschuldigungen und Anerkennung?

Der Grund, meine verehrten Leser, kann am Krisenmanagement liegen, wie es Herr Amjad Al-Muneef auf seinem Twitter-Account kommentierte.

Durch dieses Krisenmanagement haben intelligente Köpfe aus Medien und Politik das Land von Onkel Sam vor einer Krise bewahrt. Diese Krise hätte möglicherweise internationale Verstimmungen hervorrufen können, die mit den üblichen Mitteln nicht zu behandeln gewesen wären. Außerdem hätte dieser Zwischenfall dazu führen können, dass sich einer der krankhaften Gewalttäter im Namen der Religion in die Luft gesprengt hätte, obwohl die Religion mit den Taten dieser Menschen nichts zu tun hat. Es wäre möglich gewesen, den Zwischenfall als Vorwand zu missbrauchen, mehr Blut zu vergießen und größere Zerstörung zu verursachen.

Hier werden nun journalistische Professionalität und das richtige Krisenmanagement offenbar. Dabei wurde die Situation umgedreht. Der Fehler wurde mit der größtmöglichen Sensibilität korrigiert. Dadurch lassen sich aus Verlusten Gewinne erzielen. Genau das brauchen wir in unserer arabischen und islamischen Welt. Aber das haben wir leider nicht.

In der islamischen Welt werden Scheinlösungen praktiziert. Leider! Wir provozieren die internationale Öffentlichkeit. Es wird hin und her debattiert. Es geschieht eine Katastrophe nach der anderen. Die Dringlichkeit der eigentlichen Angelegenheit wird durch halbherzige Lösungen missachtet. Die eigentlichen Ursachen geraten in Vergessenheit. Die Spirale der Gewalt dreht sich sinnlos weiter.

Einen verantwortungsbewussten Umgang mit den Medien sucht man bei uns vergeblich. Unsere Stimme ist so schwach, dass man sie kaum hört.

Wenn wir begreifen würden, dass im Krisenmanagement die Lösung liegt, dass es die friedliche Kraft ist, die uns garantiert, dass die Wahrheit über die Unwahrheit siegt. Dagegen nützt es nichts, wenn wir laut schreien, die Netzwerke mit Hashtags explodieren lassen oder unsere leicht beeinflussbaren Jugendlichen an die Kriegsfronten der IS oder anderer Terrororganisationen schicken.

Es wäre schön, wenn wir begreifen würden, dass dies alles lediglich sinnloser Aktionismus ist. Eine wirksame Medienkampagne, die umsichtig und intelligent durchgeführt wird, und ein gutes Krisenmanagement werden Blutvergießen und Scheinlösungen vermeiden helfen.

Aber wer kann das verstehen?

Damit die Gewalt aufhört

*Es ist falsch, aus einem Nichts
eine große Sache zu machen.*

Viele von uns sind der Meinung, dass wir in einer Zeit der Kriege, Intrigen, Lügen, Korruption und des Betrugs leben. Sie glauben, dass wir zum richtigen Weg zurückkehren sollten, von dem wir abgewichen sind. Dabei spielt es keine Rolle, ob wir dies freiwillig getan haben oder ob wir gezwungen wurden, vom rechten Weg abzuweichen. Erst dann würden Stabilität und Sicherheit herrschen und der einstige Frieden zurückkehren.

Wer von uns würde sich dies nicht wünschen und danach streben?

Wir alle träumen von einer Wiederkehr des sorgenfreien Lebens. Wir träumen von einem Leben, das von allem Bösen befreit ist, das die Sicherheit unserer Gesellschaft gefährdet.

Wir alle sind bemüht, die Gesellschaft von der Plage der Korruption zu befreien und das Gemeinwohl durch gute Taten zu stärken. Unsere Güte kann die Seele schützen und dem Werteverlust entgegenwirken.

Deshalb glaube ich, dass jeder dies auf seine Weise zu erreichen versucht. Aber kann wirklich jeder eifrige Reformer mit einer Belohnung rechnen?

Leider, nein!

Denn der gemeinsame Wille allein hat niemals ausgereicht, Reformen durchzusetzen und das Übel im Keim zu ersticken.

Beim Umgang einiger Menschen mit unseren Problemen ist zu bemerken, dass sie mit ihren strengen Anweisungen eine radikale Methode verfolgen. Der Mentor unterstellt, dass die Menschen, die er unterweist, engelhafte Lichtgestalten wären. Er geht davon aus, dass Fehlverhalten der menschlichen Natur widerspricht. In Wirklichkeit gehört es zur Natur des Menschen, Fehler zu begehen, diese zu bereuen und wieder auf den rechten Weg zurückzukehren.

Diese Ratgeber wollen eine platonische, fehlerfreie Gesellschaft. Das machen sie auch mit ihrer Härte und ihren strengen Anweisungen deutlich. Sie halten die Peitsche der Angst in der Hand, um das Gewissen des Menschen, der Fehler begangen hat, zu schlagen. Sie züchtigen seine Seele und seinen Geist, damit er zum geraden Weg gezwungen wird und nicht aus Überzeugung zurückkehrt.

Sie bilden sich ein, dass sie damit seinen inneren Teufel mit den Fesseln der Angst bannen würden. Wenn sie nur die Wahrheit wüssten! Denn alles, was sie tun, besteht darin, dass sie Revolte und Verirrungen lediglich in die Flasche der Furcht pressen. Diese Flasche wird eines Tages vom Druck der Angst explodieren und jede Hoffnung auf Korrektur oder Reform zunichtemachen.

Worin kann die Lösung liegen?

Die Lösung ist sehr einfach. Wir finden sie in den Eigenschaften der Liebe. Wenn ein Mensch Fehler macht, so soll man ihn auf freundliche Weise ermahnen.

Liebe, Ermutigung und die Akzeptanz der eigenen Fehlbarkeit motivieren dazu, die Ursachen für das Böse zu ergründen und zu analysieren.

Dann wird man das Bild ohne die Verzerrungen der Angst sehen können. Es wird möglich sein zwischen falsch und richtig, zwischen destruktiv und konstruktiv, zwischen dem Tod und dem Leben zu unterscheiden. Man wird sich freiwillig für den Weg des Guten, der durch die Liebe vorgezeichnet ist, entscheiden und diesen Weg, ohne die Grenzen der Sicherheit zu überschreiten, gehen. Somit wird man selber wie auch die Gesellschaft vom Übel verschont bleiben. Wie man in der Liebe eigene Heilung findet, so wird diese Liebe auch die anderen vor den ansteckenden Krankheiten des Extremismus und der Gewalt bewahren.

Trotz aller Achtung für Menschen, die in guter Absicht einen falschen Weg weisen und trotz ihrer Fürsorge muss ich sie darauf aufmerksam machen, dass es auch Richtlinien für Anweisungen und Ratschläge gibt. Die wichtigste Grundlage jeder Unterweisung ist die Liebe. Auch Flexibilität ist eine notwendige Eigenschaft. Zu den wichtigsten Erfolgsfaktoren gehören auch Zuneigung und gegenseitige Akzeptanz trotz unterschiedlicher Anschauungen.

Lasst uns die großartige Kultur der Liebe verbreiten, damit die Gewalt aufhört! Lasst uns in unserer Gesellschaft friedlich leben, damit sich die Philosophie der Glückseligkeit in ihrer schönsten Form verwirklicht.

Strenges Verhör

Die Träume sind uns
anvertraut. Wir sollen sie
sorgsam hüten.

Manchmal sind die Lebensumstände, in denen sich ein Mensch wiederfindet, nahezu perfekt. Er verfügt über die besten Voraussetzungen für ein glückliches Leben. Aber aus irgendeinem rätselhaften Grund ist die Freude seiner Seele fremd geworden und befindet sich auf der Flucht. Das Gefühl der Langweile droht und damit der Ausbruch einer Depression. Der Mensch sucht Asyl auf einer Insel mit Namen ‚Keine Trauer‘, ‚Keine Sorge‘ und ‚Kein Verrat‘.

Hier soll derjenige, der in die Hände der Geheimpolizei der Seele gefallen ist, vor dem Gericht des eigenen Ichs ehrlich Rechenschaft ablegen. Denn durch die offene Beantwortung der Fragen wird das Rätsel um die gestohlene Freude gelöst.

Wo?

Im Sinne von: Wo bin ich? An welchem Fleck auf der Landkarte meiner Träume, deren Weg ich vorgezeichnet habe, befinde ich mich nun? Welche Strecke habe ich zurückgelegt? Was habe ich bereits geleistet? Was habe ich mir erspart? Auf was habe ich verzichtet?

Nachdem ich meine Position geklärt habe, frage ich mich: Bin ich zufrieden mit meiner Situation? Sind die persönlichen, sozialen und praktischen Erfolge in der Lage, das Eis in mir schmelzen zu lassen und die Freude zu befreien?

Was?

Was will ich erreichen?

Reicht es mir, wenn die Freude von Erfolgen abhängig ist, die mit meinen Träumen nichts zu tun haben? Oder braucht meine Seele einen Sturm der Entschlossenheit, der meine gefangenen Träume von der Herrschaft der situationsbedingten Freude befreit?

Wie?

Das ist die letzte Frage und der Schlüssel zur Lösung des Rätsels der verschwundenen Freude.

Es besteht kein Zweifel, dass der Erfolg und das Glück und damit zusammenhängend die Fröhlichkeit Gaben Gottes, des Bewahrers, des Allwürdigen, des Erhabenen sind. Um nicht undankbar zu sein, müssen wir eingehender nachdenken.

Wie können wir uns über ein in uns innewohnendes Glück freuen, statt es zu vermissen? Wie ist es uns möglich unseren Traum zu verwirklichen, ohne den wir kein wahrhaftes Glück empfinden können? Wie großartig wäre es, wenn wir unser Glück auf diese beiden Fundamente bauen könnten!

Jenseits der Grenzen des Wo, Ob, Was und Wie werden wir eine Heimstatt für die heimatlose Freude finden.

Also scheut nicht davor zurück, zu den sonnigen Küsten der Glückseligkeit aufzubrechen!

Hört auf zu reisen!

*„Ein Fremder muss sich
benehmen!" Aber wer versteht
das?*

Endlich sind nach einem heißen Sommer voller selbstverursachter Probleme die Touristen der Golfregion in ihre Heimatländer zurückgekehrt.

Die Reisenden, die eigentlich gute und ehrenhafte Botschafter ihrer Heimatländer hätten sein können, kamen zurück und brachten im Gepäck Dutzende Frage- und Ausrufezeichen mit. Diese Fragen verlangen nach Antworten. Die Reisenden haben einen negativen Eindruck hinterlassen und das in einer Zeit, in der es dringend nötig wäre, das Bild des Arabers in der westlichen Öffentlichkeit zu verbessern und von den Assoziationen mit Gewalt, Terror, Chaos und Barbarei zu befreien.

Wie gewöhnlich...

Anstatt dass sich jeder darum bemüht, die Gesetze, die Ordnung und die Besonderheiten der Gesellschaft des besuchten Landes zu achten, ereifern sich die Touristen mit den immer gleichen Vorwürfen. Sie behaupten, ihnen wäre Unrecht widerfahren und sie wären mit Verachtung im Gastland bestraft worden. Sie äußern sich kritisch über mangelnde Akzeptanz im Gastland. Sie werfen der westlichen Gesellschaft Rassismus vor, der sich gegen ihre Ethnie und Religion als Araber und Muslime richtete. Sie bedienen sich vieler Vorwürfe und Verleumdungen, um von ihrem schlechten Benehmen, ihrer Nichtbeachtung der Verhaltensregeln und ihrer Verstöße gegen die Ethik des Reisens abzulenken.

Unser grundlegendes Problem als Golfaraber liegt in unserer Überzeugung, wir könnten uns mit unserem Geld jeden Winkel der Erde kaufen, in den wir gereist sind, um uns vor unserer heißen Sonne zu schützen und den Schatten der blühenden Landschaften und das milde Wetter dieser Länder zu genießen. Wir glauben, wir hätten das uneingeschränkte Recht, in unseren Reisekoffern auch unsere Traditionen und Praktiken mitzuschleppen und sie in den Städten der Gastländer ohne Disziplin oder Ordnung auszuleben. Als hätten wir das Recht, die öffentliche Ordnung in diesen Städten zu missachten und uns jeder Aufsicht oder Kontrolle zu entziehen.

Voller Frechheit dokumentieren wir unsere Untaten in Bild und Ton. Einer fängt im Park eine Ente, schlachtet und brät sie. Aus dem Filmausschnitt wird deutlich, dass er genau weiß, dass seine Tat gegen die Gesetze des Gastlandes verstößt und dass er diesen Vogel aus einem öffentlichen Park, in dem Vogelfang verboten ist, gestohlen hat.

In einem anderen Video ist eine Gruppe von Jugendlichen zu sehen, wie sie illegal ihre Mahlzeit in einem Londoner Freizeitpark vorbereitet. Es ist zudem ärgerlich, dass diese Gruppe dem Administrator der Internetgruppe die Aufnahmen mit dem Kommentar schickte: „Die Engländer sind schockiert."

Andere Touristen sitzen respektlos am Fuß des Eifelturms. Sie posieren mit der typisch arabischen Kaffeekanne und der Wasserpfeife, während sie arabische Musik hören. Sie glauben, sie hätten ein Recht darauf, auch wenn es von den Bürgern des Landes nicht erwünscht ist.

Ein Video über einen Streit im Bus in einem europäischen Land ist beschämend, ganz ungeachtet der Frage, welcher Nationalität die beteiligten Frauen waren. Es zeigt wie arabische Frauen um sich schlagen und hysterisch schreien.

Nicht zu vergessen ist die Zurschaustellung von Luxusautos, mit denen manch wohlhabender Araber der Golfregion prahlt. Es erweckt den Eindruck, als würden wir uns durch nichts Weiteres auszeichnen, als durch unsere mit Geld gefüllten Taschen!

Ärgerlich sind ebenso die Ereignisse in Österreich und Tschechien. Ich spreche von der skandalösen Verschmutzung der öffentlichen Anlagen mit dem Müll, den Golfaraber auf ihren Spaziergängen hinterlassen haben. Die Anlagen haben ihre Schönheit und Atmosphäre dank der Taten „unserer Leute" verloren.

Was mich schmerzt, ist der negative Eindruck, den die Welt von uns bekommt. Man sieht nur unsere schlimmste Seite, obwohl wir auch viele gute Seiten haben. Das Problem liegt aber daran, dass unsere „Botschafter" in den Sommermonaten die Regeln des Reisens, die Grundlagen des Anstands und den Respekt vor den Gesetzen vermissen lassen.

Unser Verhalten dabei ist widersprüchlich: Wir nehmen für uns selbst heraus, was wir anderen verbieten. Der Grund hierfür liegt darin, dass wir selbstgerechte Völker sind.

Stellt euch einmal vor, hier bei uns würden die öffentliche Ordnung und die einheimischen Traditionen in dieser Weise missachtet.

Wenn sich so etwas bei uns ereignen würde, würden sich die Menschen empören, würden den Respekt vor den Traditionen des Landes einfordern sowie auf der Bestrafung der Täter bestehen, um ein Exempel zu statuieren.

Was ist denn mit unseren Tätern? Warum bestehen wir in unserem eigenen Land auf Regeln, die wir im Ausland selbst nicht einhalten?

Reisen ist das legitime Recht eines jeden. Wie könnte eine touristische Strategie aussehen, die aus jedem Reisenden einen wandelnden, glänzenden Spiegel der ursprünglichen Kultur der Golfregion macht, einer Kultur auf die wir stolz sein können?

Bevor die Flamme der Schaffenskraft erlischt

Das Genie der Kleinen ist der Samen der Schöpfung. Wenn man ihn nicht pflegt, wird er entweder sterben oder gestohlen werden.

Ahmad Al-Rashid ist 12 Jahre alt. Er hat den so genannten Smart-Teppich erfunden. Der Teppich wird in die Nähe der Türen gelegt, um das Licht ein-und auszuschalten.

Rada Al-Khelaifi ist 10 Jahre alt. Der Präsident des schweizerischen Nationalrates sagte über sie in Genf, dass sie eine großartige Mutter werden würde. Rada hat ein Gerät entwickelt, das, mit Gottes Hilfe, den Tod von Säuglingen während des Schlafes verhindern wird.

Lujain Aljawi ist 18 Jahre alt. Sie entwickelte eine neue Methode zum Umgang mit Autisten. Das qualifizierte sie zur Teilnahme an der wichtigsten Forschungsmesse weltweit, der Intel International Science and Engineering Fair (Intel ISEF).

Mohammed Masoud Al-Saeedi ist Schüler der Mittelstufe im Gymnasium. Er hat ein Gerät konzipiert, welches er die ,Super-Fernbedienung' nannte. Mit diesem Gerät können Verkehrspolizisten Autos anhalten, die Kontrollposten missachten. Ferner kann das Gerät einen Tempomaten blockieren, wenn der Fahrer die Kontrolle über sein Auto verliert.

Die Anzahl der Erfindungen allein aus Saudi Arabien ist beachtlich. Auch in anderen Ländern der Golfregion und der restlichen arabischen Welt finden sich viele Begabungen und Talente.

Ich weiß nicht, ob ich mich darüber freuen oder ob ich es bedauern soll.

Soll ich mich freuen, weil uns diese arabischen Köpfe demonstrieren, dass das Erbe des arabischen Schöpfergeistes, dessen einstige Errungenschaften von uns immer wieder gefeiert werden, nicht verloren ist und dass wir immer noch in der Lage sind, Wissenschaftler und Erfinder hervorzubringen?

Oder soll ich traurig sein, weil unsere Begabtenförderung so unzureichend ist? Unsere klugen Köpfe verlieren im Lauf der Zeit ihre produktive Fähigkeit oder werden auf dem Markt zum Verkauf angeboten, wobei wir nicht wissen, an welchen Käufer sie geraten.

Unsere begabten Kinder brauchen öffentliche und private Fachinstitutionen, die sie und ihre Schöpfungskraft pflegen und fördern.

Sie brauchen auch die Aufmerksamkeit und Anerkennung der Medien für ihre schöpferischen Leistungen. Damit werden sie mehr Selbstvertrauen erlangen und sich sehr schnell auf der internationalen Bühne profilieren und ihren Beitrag zum Fortschritt der Menschheit leisten.

Warum schreiben die zuständigen Stellen in den arabischen Ländern nicht einen Preis für junge arabische Erfinder aus? Ein solcher Preis, dem Nobelpreis nachempfunden, würde den klugen Köpfen auf allen Gebieten ein Ansporn sein.

Warum existieren keine wirtschaftlichen, psychologischen und pädagogischen Förderprogramme für unsere Talente?

Warum bemühen sich nicht die zuständigen Stellen um die Gründung von speziellen Begabtenschulen, die der außerordentlichen Intelligenz ihrer Schüler gerecht werden? Wenn sie mit ihren durchschnittlich begabten Klassenkameraden zusammen unterrichtet werden, kann sich ihre Begabung nicht entfalten.

Wie machen wir den Verantwortlichen deutlich, dass unsere jungen Genies, die Knospen an den Ästen der Zukunft, Förderung und Vertrauen brauchen, damit sie blühen, bevor ihre Blätter auf den Boden der Unachtsamkeit fallen und von den Füßen des Missbrauchs zertreten werden. Das führt möglicherweise zur Zerstörung der jungen Talente.

Mit diesen Köpfen könnte sich unser Land einen besseren Platz im Ranking unter den Ländern der ersten Welt sichern.

Damit würde sich eine Philosophie der Glückseligkeit verwirklichen.

Eat Pray Love!

Spiritualität- die Nahrung des reinen Lebens

Ich weiß nicht, wie der Titel dieses Romans bzw. des Spielfilms mit dem gesegneten Fastenmonat Ramadan zusammenhängt.

Vielleicht, weil der Titel eine großartige Erkenntnis beinhaltet, die die beste Einstellung zu diesem Monat der Güte auf den Punkt bringt.

Nahrung.

Haben wir jemals üppigere Tische gesehen, als die des Ramadan?

Gott, der Erhabene, hat die Speisen von Ramadan über die Maßen köstlich werden lassen. Ihr Geruch übertrifft bereits in ihrer Vorbereitung den Duft der teuersten französischen Parfüms.

Wenn der Muezzin mit dem Gebetsruf ‚Allahu Akbar' beginnt und die Essenszeit verkündet, wird die Fülle der Speise vollkommen. Ihre Herrlichkeit und ihr Geschmack werden auf edlen Tellern zur Schau gestellt. Diese Teller fragen: Was kann mit meiner Pracht und meinem Geschmack konkurrieren? Ich verwöhne die Zunge und den Magen, bis sie glücklich sind.

Gebet

Wenn ich das Wort ‚Gebet' ausspreche, höre ich im Geist die fernen Stimmen der Muezzins in der Heiligen Moschee.

Ich rieche den Geruch des Weihrauchs in den Moscheen. Ich atme die Spiritualität dieses Monats. Ich sehe die Behältnisse voll der wohlschmeckenden Speisen, wie sie aus den Türen der verschiedenen Häuser in die Gassen getragen und zu den Tischen der Armen gebracht werden. Die Solidarität in den Moscheen der Gasse macht dem Fremden, dem Einsamen und dem Armen Freude. Denn sie alle dürfen das üppige Mahl teilen. Das Gefühl der Einsamkeit verschwindet im Ramadan, im Monat der Güte.

Ich spüre die Wohltat der Frömmigkeit, die die Seelen freigiebig macht. So wird den Bedürftigen reichlich gespendet.

Ich fühle den Segen des Monats als eine Wirklichkeit, die die Menschen im Ramadan erleben.

Liebe.

Vielleicht ist die vom Propheten Mohammed angekündigte Gefangennahme des Teufels der Grund dafür, dass alle Taten, die als Reaktion hierauf erfolgen, so voller Güte sind.

Weil der gesegnete Ramadan der beliebteste Monat Gottes ist, steht alles Handeln in dieser Zeit im Zeichen der Liebe. Alles ist geprägt von gegenseitiger Hilfeleistung, Freigiebigkeit und von Spenden aus reinem Herz ohne Heuchelei oder Falschheit.

Wer in anderen Monaten durch seinen inneren Teufel gegen seine gesunde Natur handelt, der siegt über seinen Teufel in diesem größten Monat. Das Böse weicht angesichts der umfassenden Güte der friedlichen Menschen.

Egoismus und Hass sind gezwungen, in diesem Monat eine Pause einzulegen, in den Ramadan-Schlaf zu fallen. Denn der Segen, den die Wärme der Liebe, der Spiritualität und der Frömmigkeit verbreitet, wird durch Gott im Verhalten der Menschen manifest. Böse Gefühle haben keine Chance, sich der Seelen zu bemächtigen, die voller Liebe und Aufrichtigkeit sind.

Ramadan.

Er ist ein Monat des Gottesdienstes und des Gebets,

Ein Monat, in dem die Künste des gedeckten Tisches und der kulinarischen Köstlichkeiten zelebriert werden, die sowohl die Kleinen als auch die Großen erwarten.

Ein Monat der Liebe, der von uns freiwillig und ohne Zwang angenommen wird.

Eine Zeit, die uns deutlich macht, dass es kein Leben, keine Freude und keinen Seelenfrieden ohne die Liebe geben kann.

Also...

Die schönste Philosophie der Glückseligkeit eröffnet sich uns in diesem gesegneten Monat.

Eat Pray Love!

Ihnen allen wünsche ich viel Liebe, Schönheit und Frieden!

Philosophie der Glückseligkeit

Manch ein Gedanke formt aus
fröhlichen Buchstaben die
schönsten Worte.

❁ Am frühen Morgen: Pass auf, wen du betrachtest oder wem du zuhörst! Ohne dass wir uns dessen bewusst sind, prägen die ersten Eindrücke unser Verhalten und unsere Reaktionen auf die Ereignisse und Überraschungen des Tages.

❁ Schön sind die Tage, die aus dem Display unserer Handys Fenster der Freude machen. Durch diese Fenster weht die milde Brise einer unverbrauchten, morgendlichen Freude.

❁ Guten Morgen!
Grüßt nicht nur mit Worten, sondern auch mit einem Lächeln jeden Morgen die Bedürftigen! Lebt eine Philosophie der Glückseligkeit, mit der ihr die gebrochenen Herzen heilt!

❁ Mama, vergiss nicht die morgendlichen Bittgebete!"
Jedes Mal wenn mich mein Sohn daran erinnert, fühle ich mich wohl! Dann weiß ich, dass ich, mit Gottes Hilfe, meinen Sohn durch liebevolle Unterweisung und durch vorbildliches Benehmen zu einem guten Menschen erziehe.

❁ Die Hoffnung am Morgen ist wie ein Kaffee mit viel Koffein, der die Lebensgeister weckt. Das Bittgebet ist das kostbare Glas, aus dem wir belebenden Optimismus zu uns nehmen.

❁ Der Duft eines leichten Parfüms am Morgen erfrischt die Seele und sorgt für Ausgeglichenheit. Er vereint unsere äußere Erscheinung, unsere Frisur und Kleidung in perfekter Harmonie.

❂ Es ist wunderbar, jeden Morgen die Versprechen der Liebe und den Vertrag der Lebensfreude zu erneuern, indem wir die Welt mit dem Lächeln der Zufriedenheit umarmen.

❂ Die morgendliche Heiterkeit ist das Fundament der Ausgeglichenheit, die uns hilft, den Anforderungen des Tages entgegen zu treten. Deshalb ist es ein Vergehen, sie zu vernachlässigen.

❂ Jeder neue Tag bietet eine weitere Chance, Hindernisse in unserem Leben aus dem Weg zu räumen. Die schönsten Morgen sind jene, bei denen wir im vollen Galopp alle sich bietenden Chancen ergreifen.

❂ Da es nichts schöneres gibt als Blumen am Morgen, sollte jeder von uns ein Blumengeschäft in seiner Seele haben. Der Duft dieser Blumen stärkt die Seele und verbreitet Zuversicht.

❂ Der Morgen zeigt uns, dass das Band der Hoffnung auf Gott mit jedem Sonnenstrahl der auf die Erde trifft, Himmel und Erde verbindet und dass wir uns nicht fürchten müssen, solange wir an Gott festhalten und ihm vertrauen.

❂ Der Morgen macht uns keine Vorschriften, wie wir uns verhalten sollen. Vielmehr bietet er uns einige Alternativen. Wählen müssen wir selber.

❂ Die schönsten Morgen sind jene, die wir mit erhobenem Haupt verbringen, die uns voller Selbstvertrauen die Welt umarmen lassen. Dann lächeln wir und sagen: „Wir fühlen uns frei. Wir sind von jedem Zwang befreit!"

❂ Wie schön ist das Vogelzwitschern am Morgen, wenn die Worte freundlich sind, der Friedensgruß allgegenwärtig ist und alle Lärmstifter und Störenfriede verstummt sind.

❂ Atmet die frische Morgenluft ein und lobt Gott dabei. Betrachtet die Schönheit seiner Schöpfung, bis euer Geist mit Zufriedenheit und Heiterkeit erfüllt ist.

✿ Es kommt vor, dass Ärgernisse am Morgen einen Kratzer auf der glatten Oberfläche des beginnenden Tags hinterlassen. Wir machen einen Fehler, wenn wir zulassen, dass dieser Kratzer unsere Wahrnehmung des Tages beeinträchtigt.

✿ Jeder Morgen beweist, dass nach dem Tod immer Leben folgt, nach der Trauer Freude und nach jeder Drangsal Erleichterung. So ist das Leben.

✿ Fangen wir unseren Tag in Dankbarkeit vor Gott an. Denn wenn man dankbar ist, bleibt Gottes Gnade erhalten. O Allah, was mir oder irgendeinem Deiner Geschöpfe am Morgen an Wohltaten widerfährt, geschieht durch Dich allein, Du hast keinen Teilhaber. Dir gebührt Lob und Dank.

✿ Die Morgen der Liebe bringen uns voller Dankbarkeit auf einen sicheren Weg, der in jede Zeit und an jeden Ort führt, unabhängig von möglichen Hindernissen.

✿ Am Morgen: Finde jemandem, mit dem du lachen kannst, bis deine Seele von Heiterkeit ergriffen ist. Das schenkt dem Geist die Energie, die die Seele mit Hoffnung erfüllt.

✿ Nichts ist schöner als die Morgen, denen der Glaube und die Hoffnung Klarheit verleihen und die nicht durch Hoffnungslosigkeit, Niedergeschlagenheit und Depression getrübt werden.

✿ Das Geheimnis meiner Liebe zum Morgen liegt in seiner Schönheit, die mich berührt und im Frieden, der ihm innewohnt. Diese Eigenschaften des Morgens verzaubern mich.

✿ Die Eigenschaften des wunderbaren Morgens und das Geheimnis seiner bezaubernden Schönheit bleiben jenen Menschen verborgen, die ihn mit einem getrübten Blick sehen.

✿ Die morgendliche Freude kann für mich aus den einfachsten Dingen erwachsen, wie aus einem köstlichen Frühstück, das meine

Tochter zubereitet hat. Die Freude ist ein Gefühl, das geschenkt wird und nicht gekauft werden kann.

۞ Man tut dem neuen Tag Unrecht, wenn wir seinen unschuldigen Beginn mit den drängenden Problemen des Vortages belasten. Der neugeborene Tag braucht unsere Liebe, damit er zu einem erfolgreichen Tag wird.

۞ Ein schöner Morgen wird von Gott geschenkt, der alles Schöne liebt! Der Morgen soll voll des Lobes und der Dankbarkeit gegenüber dem Schöpfer sein für all die Schönheit, mit der er uns umgibt.

۞ „Und beim Morgen, wenn er Atem schöpft:" (Sure 81/18) Der Lufthauch des Morgens ist von Gott gesegnet. In den frühen Stunden liegen Zuversicht und Hoffnung. Wie schön ist es, die von Gott gesegnete Morgenluft zu atmen.

۞ Unser schöner Morgen beginnt mit einem Blick, der einen geliebten Menschen umarmt, mit Küssen, als Siegel unserer Liebe auf der Wange und der Stirn unserer Liebsten. Geizt damit nicht im Umgang mit den Menschen, die euch nahe sind!

۞ Die Morgen der Liebe reinigen die Seele vom Schatten der Niedergeschlagenheit und von den Eintrübungen der Sorgen. Deshalb ist es schön, wenn wir unseren Morgen damit beginnen, zunächst uns selbst und dann unseren Nächsten unsere Zuneigung zu versichern.

۞ Ein Morgen, der in der Hoffnung auf Gott verbracht wird, macht aus dem Brachland der Hoffnungslosigkeit in unserer Seele fruchtbaren Acker. Dann wachsen dort tausend Blumen des Gedeihens, die den Wohlgeruch des Glaubens verbreiten.

۞ Nur Optimisten sind in der Lage, aus dem Morgen die Kraft zu schöpfen, die ihren Seelen Hoffnung, Aktivität und Freude verleiht, die durch keine Sorgen oder Ärgernisse getrübt werden können.

✿ Ein Morgen der Freude bedeutet, dass wir volles Vertrauen darin setzen, dass: „Uns nur treffen wird, was Gott uns bestimmt hat."(Sure 9/51). Angesichts dessen nehmen wir alles, was uns das Schicksal bringt, an, ganz gleich ob gut oder schlecht. Wir sind Gott weiterhin dankbar und bleiben zufrieden.

✿ „Guten Morgen, mein Schatz!" Sobald man diesen Gruß hört, gewinnt der Moment Bedeutung und schenkt ein Gefühl der Wertschätzung. Es wäre schön, wenn wir Groß und Klein häufig auf diese Weise begrüßten.

✿ Ein neuer Morgen ist wie ein Kind, das von Natur aus gut ist. Wir sind diejenigen, die dem Kind vorleben, sich entweder selber im Weg zu stehen oder sich auf Gott zu verlassen und optimistisch zu sein.

✿ Der Morgen macht mir deutlich, dass sowohl die Nacht als auch der Tag Symbole für das Leben sind. Sobald ein Tag stirbt, wird ein neuer Tag geboren. Diese Erkenntnis beflügelt den Optimismus und die Hoffnung!

✿ Die Stille am Morgen ist wie der Zuckerwert im Blut. Wir müssen gut darauf achtgeben, damit es uns den Tag über gut geht.

✿ Wenn man sein Gedächtnis vom Rost der Erinnerung befreit, den Staub der Enttäuschung von der Seele wischt und sie mit einer neuen Hoffnung läutert, wird der Morgen und sogar der ganze Tag vor Freude strahlen.

✿ Der strahlende Morgen vertreibt jede Dunkelheit und jeden Kummer. Deshalb sollen wir uns freuen, wenn wir ein Licht für die anderen sind und die anderen unsere Dunkelheit mit ihrem Licht vertreiben.

✿ Wer den Morgen mit einem Lächeln, mit Vertrauen, Zufriedenheit und Stille begrüßt, dem wird der Morgen mit Leichtigkeit, Gelingen und Zuversicht antworten.

✿ Die Morgenruhe ist ein stiller Hymnus, dem wir ehrfürchtig zuhören, während wir die Schönheit der Meditation genießen.

✿ Am Morgen öffnen wir das Fenster zu unserer unruhigen Seele, um die frische Luft der Zuversicht hereinzulassen und durchzuatmen.

✿ An diesem Morgen werden Schmetterlinge wach, die sich aus dem Gefängnis der unterdrückten Wünsche befreien. Sie fliegen frei in den Himmel einer Realität, die die kühnsten Phantasien in den Schatten stellt.

✿ Der schönste Morgen gleicht einem Glas, gefüllt mit einer warmen Stimme, aus dem der Dampf der Liebe emporsteigt.

✿ Wie schön ist ein Morgen voller Optimismus. Er macht die Seele glücklich und die Hoffnung tanzt im harmonischen Takt des Geistes.

✿ Wer hat es schon einmal versucht, sich morgens vor den Spiegel zu stellen und zu sagen: Ich grüße den wunderschönen Morgen voller Lächeln, an dem sich der Segen des Himmels mit seinem Versprechen von Hoffnung und Glück an den Lippen der optimistischen Menschen offenbart!

✿ Der entspannte Morgen weist unseren Gedanken die richtigen Wege, er zeigt die sicheren Strecken zum Ziel und die kürzesten Pfade auf.

✿ „Vielleicht ist es doch gut so!" Zügle mit dieser Erkenntnis deinen Ärger, wenn der Wind deines Morgens nicht zugunsten der Schiffe deiner Verpflichtungen weht.

❖ An einem Morgen voller Verpflichtungen brauchen wir lediglich inneren Frieden und ein ehrliches Lächeln der Dankbarkeit, um nicht von Schwierigkeiten überrollt zu werden, die die Freude zerstören.

❖ Eine Tasse Kaffee, mit freundlichen Worten serviert, macht den Morgen frisch und hebt die Laune. Ich liebe die Worte, die unser Leben lebenswert machen.

❖ Der Morgen ist ein neues Leben, das uns von Gott, dem Barmherzigen, bei jedem Sonnenaufgang geschenkt wird.

❖ Den Vögeln am Morgen zuzusehen, verbreitet Optimismus, der mit den Flügeln der Hoffnung gen Himmel fliegt.

❖ Die schönsten Morgen sind die, an denen man zu einer Reise aufbricht. Das Beste daran ist, dass man seine Seele vom Lärm des Alltags befreit, bevor man ins Flugzeug steigt. Dann geht es in Richtung der wunderbaren Stille des Geistes.

❖ Der Morgen ist das Obst des Tages, das reich an Güte ist. Wenn wir es frisch, freudvoll und mit Bedacht essen, wird unsere Seele voller Energie und Optimismus sein.

❖ Wenn die Dunkelheit beim Sonnenaufgang dem Licht begegnet, wird ein tiefer Friede geschlossen. Die Stille, die die Seele in diesem Moment ergreift, ist das Berührendste, was wir erleben.

❖ Ich höre leise Stimmen, wenn der Morgen anbricht und Atem schöpft. Diese Stimmen sprechen Bittgebete. „Wir beginnen den Tag und die Schöpfung ist in den Händen Allahs". Ich betrachte die Schönheit der zaghaften Sonnenstrahlen, die die Vorhänge der Dunkelheit vorsichtig zur Seite schieben. Dann liebe ich Gott noch mehr.

❖ Die Leidenschaft ist eine höhere Stufe der Liebe. Wenn sie an die Tür deines Herzens klopft, dann sollst du sie gastfreundlich aufnehmen. Du sollst sie bewusst erleben, um das Leben auszukosten.

❁ Bei der Morgendämmerung verleihen viele ihren Herzenswünschen die Flügel der Bittgebete, die sie auf den Weg zum Gott der Gaben bringen. Wir sind zuversichtlich und verlassen uns auf das Versprechen der großzügigen Gaben.

❁ Die Morgendämmerung: Wenn du den Schlüssel zur Stille verloren hast, dann suche ihn im Kasten der Meditation. Dort wirst du tausende Schlüssel für tausende Türen der Stille, der Liebe, der Schönheit und des inneren Friedens finden.

❁ In der Zeit der Morgendämmerung ist es wunderschön, immer zu wiederholen: „Ich liebe dich, Allah!" Durch das Wiederholen öffnen sich Blumen der Zuversicht in den Gärten unserer Seelen. Der Tau benetzt diese Blumen der Stille und die Vögel des Friedens zwitschern.

❁ Im Moment der Morgendämmerung werden die Teufel der Ratlosigkeit und die Gespenster der Angst durch die Zuversicht gebannt. Dann verteilen sich die Engel der Stille in den Gassen der unruhigen Seelen, um die Spuren der Tumulte im Labyrinth der Seele zu tilgen.

❁ Während der Morgendämmerung ebbt der Lärm ab. Dann wird es leichter, sich in eine tiefe Meditation der Seele zu begeben. Dort kann man Perlen der Schönheit finden, die Gott überall um uns herum verteilt hat.

❁ Die Morgendämmerung strahlt in die Seelen ein Licht der Stille, das den Strahlen der Sonne zuvorkommen will. Es füllt unsere Seelen mit Spiritualität und Sorgenfreiheit.

❁ Zur Zeit der Morgendämmerung flüchtet der Friede in die Arme der Stille. Sie flüstert ihm Bittgebete in die Ohren, um ihn zu beruhigen. Sie erzählt ihm von der Barmherzigkeit Gottes, dem Herrn der Schöpfung.

❀ Zur Morgendämmerung kommen die Bittgebete vollendet aus einem Herz, das voller Hoffnung und Zuversicht in die Großzügigkeit des Herrn ist. Denn Gott empfängt unsere Gebete und erfüllt sie an den für uns günstigsten Momenten.

❀ In der Morgendämmerung hat das Licht der Stille die Kraft, seine spirituellen Strahlen in die entlegensten Winkel der Seelen zu senden. Sie verbreiten dort die Wärme des Friedens und befreien von jedem Kummer.

❀ Die Morgendämmerung hat ein gütiges Lächeln. Es kann aber nur von denjenigen gesehen wird, die mit der Sonne des Optimismus der Dunkelheit der Hoffnungslosigkeit

❀ Dir sei ein Morgen des zufriedenen Lächelns aus einer Seele voller Optimismus beschieden! Dir gehöre ein Morgen und ein Tag, wie du ihn dir wünschst und noch mehr: Ein Morgen, der aus dem Inneren der Seele strahlt, der Freude verbreitet, der den Geist von Müdigkeit befreit, damit unser Tagesanfang frei vom Trübsal des Pessimismus ist und Optimismus und Hoffnung verbreitet.

❀ Mach aus deinem Morgen eine Philosophie der Schönheit des Geistes, die aus dir kommt und anderen Freude schenkt!

❀ Der Sonnenaufgang lässt nicht nur die Sonne aufgehen. Der Sonnenaufgang weckt das Licht eines liebenden Herzens, das die Dunkelheit der Müdigkeit vertreibt. Die Strahlen der aufgehenden Sonne verbreiten Wärme, die unsere furchtsamen Herzen liebevoll umarmt.

❀ Am Morgen sollen unsere Ruhe und Zuversicht ein praktisches Vorbild für unsere Kinder sein. Ganz gleich welchen störenden, außerhalb unserer Macht stehenden Einflüssen wir ausgesetzt sind, sollen wir ihnen zeigen, dass man trotzdem ruhig und beherrscht bleiben kann.

❄ Es ist eine große Gnade Gottes, des Ehrenvollen, wenn wir am Morgen aufstehen und wir uns, unsere Familien und unsere Heimat geborgen fühlen. Ein Morgen in Geborgenheit gehört zu den größten Gaben Gottes.

❄ Herr, bewahre unseren Morgen vor der Dunkelheit der Pessimisten und vor der Passivität fauler und frustrierter Menschen! Herr, lass unseren Morgen durch deine Macht und durch das Vertrauen auf dich in einen erfolgreichen Tag münden!

❄ Es ist schön, wenn unser Morgen voller heiliger Liebe zu Gott ist, die wir bei jedem Atemzug spüren. Jedes Einatmen bringt Zuversicht durch die Bittgebete und das Gotteslob. Jedes Ausatmen befreit uns von Sorgen oder Ängsten.

❄ Die Leichtigkeit, das Gelingen, die Stille und der Optimismus brauchen einen entspannten Tagesbeginn, selbst wenn der weitere Tag voller Termine sein wird. Verwöhne deinen Morgen, damit er deinen Tag verwöhnt!

❄ Oh Herr! Bewahre unseren Morgen vor der Undankbarkeit der Träume. Lasse ihn dankbar für unsere Wünsche sein! Herr, wir vertrauen dir unseren Morgen an. Er möge uns keine Sorgen oder Scheitern bringen! Herr, schütze uns und den Tag!

❄ Der Morgen führt mir klar vor Augen, dass die Aussage: „Wir beginnen den Tag und die Schöpfung ist in den Händen Allahs" aus dem Herzen kommt und an die Tür der Seele klopft. Sie öffnet uns das Tor der Gewissheit, dass wir unter dem Schutz eines allmächtigen Gottes stehen. Die Allmacht Gottes befreit uns von Sorgen.

❄ Der Morgen streichelt die Seele und macht uns froh, dass wir den Tag mit unseren Lieben beginnen können.

❁ Der entspannte Morgen lehrt uns, während der langen Strecke des Tages Pausen in den Cafés der Stille einzulegen .

❁ An jedem Morgen:
Herr, lass an einem kalten Tag die Sonne der Zuversicht auf unsere Seelen scheinen! Herr, verleihe uns einen Teil des Tageslichtes, um unsere geistige Wahrnehmungskraft zu schärfen!

❁ Der Morgen macht mir deutlich, dass der Erfolg, das Gute und die Freude den Menschen vorbehalten sind, die sich auf Gott verlassen und dass der Misserfolg denen zuteilwird, die hoffnungslos, verzweifelt und kraftlos sind.

❁ Lasst uns jeden Morgen unsere Hoffnung und unser Vertrauen in Gott setzen und selbst aktiv sein! Der Tag wird die Geschenke, die wir ihm am Morgen bereitet haben, erwidern und uns Erfolg, Freude und Glück bescheren.

❁ Oh, Herr! Wir beginnen den Morgen in der Hoffnung, dass Du uns Schutz vor Intrigen und allem Bösen verleihst. Herr, schütze uns vor jedem Teufel und jedem Verräter! Herr, schenke uns Sicherheit durch Deine Macht!

❁ Ein Morgen voller Aktivitäten macht uns deutlich, dass es sehr viele Menschen gibt. Wer zu spät kommt, der wird keinen Platz für seine Träume oder sein Glück mitten im Gedränge der Welt finden.

❁ Der Morgen ist wie ein Kind. Wir sind diejenigen, die seine Gesichtszüge zeichnen, entweder mit einem freundlichen Lächeln oder mit bitteren Tränen.

❁ Ratlosigkeit-
Ein schlimmes Gefühl, mit dem uns der Teufel überlistet. Dann denken wir immer wieder: „Wenn es nur anders wäre!". Das öffnet ihm viele Türen und erleichtert seine Arbeit.

❁ Oh, Herr des Morgens, Schöpfer des Tages! Schenk uns an unserem Morgen ein Licht, das nicht erlischt. Es soll unseren Seelen leuchten und die Dunkelheit auf unseren Wegen vertreiben.

❁ Die Aufzählung der Gaben Gottes am Morgen stimmt optimistisch und motiviert zur Arbeit und einem Tag voller Aktivität.

❁ Wir sehen Schönheit in allem, was uns umgibt, sobald die Liebe Licht in die dunklen Herzen wirft.

❁ Wenn wir die Liebe als Lebensmaxime wählen, werden wir die Freude liebevoll leben, unseren Ärger liebevoll äußern und unsere Arbeit und unser Gebet in Liebe verrichten. Dann wird unser Leben zu einem Paradies auf Erden.

❁ Es ist unangemessen, die Liebe auf die Beziehung zwischen Mann und Frau zu reduzieren. Es gibt eine noch umfassendere und heiligere Liebe. Wenn diese Liebe unsere Herzen erfüllt, wird das Leben lächeln und alles wird wunderschön sein.

❁ Das Leben kann ohne Liebe nicht schön sein. Also lasst uns lieben! Lasst uns alles lieben, was uns umgibt! Dann können wir uns mit widrigen Umständen versöhnen und gleichzeitig unsere Freude an den schönen Dingen des Lebens noch bewusster auskosten.

❁ Die Liebe und Treue zu unserer Heimat tritt uns umso deutlicher vor Augen, wenn hasserfüllte Menschen versuchen, ihr Schaden zuzufügen. Wir sollen für unsere Heimat eintreten, wenn diese Menschen ihre Stimmen erheben.

❁ Es ist wichtig, Reinheit in der Liebe anzustreben und damit aller Verschmutzung zu trotzen, die ihr der Hass der Umwelt zufügt!

❁ Aufmerksamkeit und Fürsorge sind der höchste Ausdruck der Liebe. Wie schön sind sie, wenn sie zur Lebensader werden, die den Puls der Liebe aufrechterhält.

✿ Wie schön ist die Liebe, wenn sie das Chaos ordnet und das Leben in die richtigen Bahnen lenkt.

✿ Wer glaubt, dass die Liebe nur ein Phantasiegebilde ist, der irrt sich. Die Liebe ist wirklich. Was wir brauchen, ist lediglich ein Verständnis der Liebe und die ehrliche Liebe der richtigen Person.

✿ Wenn jede Familie Samenkörner der Liebe aussät und sie mit Aufmerksamkeit tränkt, dann blühen Gärten des Friedens. Dann können wir den Duft von Geborgenheit und die Freiheit von Kummer und Sorgen überall auf der Welt genießen.

✿ Die wahre Liebe reißt das Leben aus den Händen des Todes.

✿ Der Prophet Mohammed sagt, dass die Liebe eine der Bedingungen des Glaubens ist. Denn die Liebe ist der Weg des Friedens, zu dem der Islam weist. Sollen wir dem Gesandten Gottes nicht gehorchen und ihm folgen?

✿ Die Leidenschaft ist schön. Aber die Liebe ist umfassender. Du bemühst dich darum. Du glaubst, dass dein Leben ohne Liebe nicht glücklich sein kann, dass du ohne Liebe niemals in ruhiges Fahrwasser kommen wirst.

✿ Die Konflikte werden nicht enden, die Kriege und die Zerstörungen werden nicht aufhören, solange wir die Liebe nur in der sinnlichen Beziehung zwischen zwei Liebenden sehen und die umfassendere und heiligere Liebe vergessen.

✿ Die Liebe überwindet die Grenzen des Alters, der Zeiten und der Orte. Sie nährt die Gefühle der Herzen, bis aus ihnen die Früchte der Zärtlichkeit erwachsen.

✿ Man soll den Blick auf seine eigene Person richten, eigene Stärken entwickeln und die anderen ihren Weg gehen lassen. Alles, was man braucht, ist Zufriedenheit und Genügsamkeit.

❄ Allein die Liebe zu Gott leuchtet uns den Weg inmitten der Finsternis. Wir gehen den Weg des Lichtes, der uns die Freude auf Erden und die Glückseligkeit im Jenseits verheißt.

❄ Die Liebe Gottes zu den Menschen ist stärker als sein Zorn. Seine Barmherzigkeit ist größer als seine Strafe. Gott, der Allerbarmer, ist seiner Schöpfung gnädig und bestraft sie nicht.

❄ Die schlimmsten Menschen sind die, die ihren Verstand nicht nutzen und das Denken anderen überlassen.

❄ Bevor die Zeit der Reinheit mit dem Gift der Intrigen, des Konfessionalismus und des Hasses verschmutzt wurde, atmeten wir den Frieden in der reinen Luft der Liebe.

❄ Wer glaubt, dass die Liebe ein Boot ist, das in einem Ozean der ewigen Glückseligkeit schwimmt, der wird versinken und am Ufer der Wahrheit sterben.

❄ Eine Mischung aus viel hellem Bienenhonig der Harmonie, mit wenig dunklem Sirup der Uneinigkeit ist wohlschmeckend. Wichtig ist nur, dass diese Uneinigkeit nicht die Reinheit und Strahlkraft der Liebe trübt.

❄ Wenn wir eine Person lieben, werden seine Fehler klein, solange wir zufrieden sind. Tadeln wir sie, werden die kleinsten Fehler riesengroß und unverzeihlich.

❄ Das Vertrauen in der Liebe entspricht der Distanz zwischen Herz und Verstand und hält den Pulsschlag der Liebe aufrecht.

❄ Die Liebe zu deinem Körper ist eine konstruktive Liebe. Wir sollen diese Liebe mit gesundem Essen, ausreichend Schlaf und Sport zum Ausdruck bringen. Verwöhne deinen Körper mit Gesundheit! Dann wird dich dein Körper verwöhnen und dich glücklich machen.

❂ Gepriesen sei Gott für die Gabe der Liebe! Gepriesen sei Gott für die Dankbarkeit gegenüber den Eltern nach Schwangerschaft und Erziehung! Möge Allah diese Gnade aufrechterhalten und sie vor dem Verschwinden bewahren!

❂ Die Reinigung des Körpers erfolgt mit Wasser. Aber die Herzen können nur mit Liebe gereinigt werden.

❂ Respekt zu haben bedeutet nicht, eine sterbende Zuneigung wieder zu beleben. Beim Abschied zeigen wir Respekt, wenn wir nicht hassen oder Schaden zufügen, selbst wenn die Liebe bereits gestorben ist.

❂ Ich wünsche mir, dass die Freitagspredigten und die religiösen Sendungen die Jugendlichen ansprechen. Sie sollen die Kultur der Liebe und die Akzeptanz der Andersdenkenden zum Inhalt haben, statt Hass zu verbreiten und den Glauben mit Gewalt aufzuzwingen.

❂ Das Geheimnis der Unschuld und der Freude der Kinder liegt in der Liebe, die gleichermaßen ihre Herzen und ihren Verstand erfüllt. Wir sollten von ihnen lernen und den Verstand nicht auf Kosten des Herzens vorziehen.

❂ Das Verlangen der Liebe ist die Tätowierung der Leidenschaft auf den Herzen der Liebenden.

❂ Jedes Mal, wenn ich Sehnsucht nach dir habe, versichere ich mich deiner Liebe, indem ich deiner Stimme lausche, die mein Verlangen stillt.

❂ Die Liebe ist sonderbar. Trotz der Nähe sehne ich mich immer noch nach weiterer geistiger Berührung, bis sich alle Grenzen auflösen und wir zu einer Einheit verschmelzen.

❂ Der richtige Tonfall schafft es, die Entfernung der Sehnsucht und des Verlangens zu überbrücken. Er wird von der Liebe vorgegeben, die in einem Kasten der Ehrlichkeit aufbewahrt wird. Darauf steht: „Nur du zählst! Alle anderen sind blasse Gespenster!"

❁ Alles ändert sich. Was zuvor unannehmbar war, wird auf einmal doch hoffähig. Was vorher kritisiert wurde, wird jetzt gelobt. Das ist die Liebe. Sie lässt uns den Menschen, den wir lieben, anders wahrnehmen.

❁ An den Ufern eines Lebens voller Liebe wächst die Schönheit und der Frieden blüht.

❁ Die meisten Frauen finden in ihrem Vater einen Schatz wahrer Gefühle. Der Vater erwartet für seine großzügige Liebe keine Gegenleistung.

❁ In der Liebe ist das Herz wie ein freier Vogel. Er stirbt, wenn er in einem Käfig in der Brust eines Menschen gefangen gehalten wird, der seinen Gefühlen keinen Raum gibt.

❁ In der Liebe bleibt der Pulsschlag einer Frau ewig jung. Diese Jugend lässt keine Falten der Langeweile zu. Sie verhindert, dass die Gefühle mit den Jahren altern oder verblassen.

❁ Kompromisse in der Liebe bringen das Herz durch ein falsches Wort oder eine Ungeschicklichkeit an den Rand des Abgrunds.

❁ Vorsicht kann Rettung bedeuten. Aber in der Liebe gilt: Wer Angst hat, der stirbt.

❁ Die Liebe ist sonderbar. Je mehr der Geliebte uns gibt, desto größer ist unser Bedürfnis nach seinen Gaben. Wir verlangen immer mehr nach seiner Liebe.

❁ In der Liebe ist der schönste Flirt der, den die Augen in das Ohr des Herzens flüstern, so dass die Wangen vor Scham erröten.

❁ In der Liebe ist das Schweigen des Verliebten ein Gedicht voller Leidenschaft. Dieses Gedicht erzählt von einem heftigen Kampf zwischen Herz und Verstand, bei dem keiner siegt.

❁ Solange ich die Liebe wie ein elegantes Kleid anziehen kann, mit dem ich vor Gott, vor mir selbst und anderen Menschen stehe, wird mir ein großes Glück zuteil, das mir keiner rauben kann.

❁ Die Liebe ist ein gesegnetes Gefühl, vor dem die Trockenheit der steinernen Herzen weicht. Sie werden getränkt und aus ihnen strömen Flüsse der Barmherzigkeit. Um sie herum wächst das Gras des Gebens.

❁ Wenn der Kopf die Oberhand über das Herz gewinnt, vertagt man die Freude über die Liebe auf einen späteren Zeitpunkt. Dieser Zeitpunkt wird erst dann kommen, wenn wir begreifen, dass die Liebe die Grundlage des Lebens ist.

❁ Die Liebe zum Vater ist das ehrlichste Gefühl, das dem schönen Herz entspringen kann.

❁ Ich werde an die Wand der Liebenden schreiben, dass die ehrliche Liebe in den müden Herzen wie eine köstliche Süßigkeit in den Händen eines elternlosen Armen ist. Der Geschmack verwandelt die Trauer in Freude, sobald das großzügige Schicksal etwas davon weitergibt.

❁ Die Liebe verhindert den Stillstand des Lebens. Sie nimmt den Makel des Neids, des Hasses, der Heuchelei und des Verrats.

❁ „Liebst du mich? Oder hast du niemals Liebe verspürt?" „Liebst du mich? Oder wird mein Herz allein von deiner Flamme verbrannt?" Solche Fragen werden mit der Asche eines verbrannten Herzens geschrieben, wenn die Liebe unerwidert bleibt.

❁ Die Bedeutung der Liebe für die Frau ist anders als die für den Mann. Ihre Liebe ist unüberlegt. Ihr sind die Grenzen des Verstandes zuwider. Deshalb springt ihre Liebe mit großer Entschlossenheit über die Mauern.

❁ Wie es im Leben Fremde gibt, gibt es auch Fremde in der Liebe. Sie wohnen in Käfigen, aus denen die Herzen geflohen sind. Die Herzen konnten nicht die Enge eines Käfigs aus falschem Gold ertragen.

❁ In der Liebe ist die Frau egoistisch. Sie will das Herz ihres Geliebten nicht mit einer anderen teilen

❁ Es gibt nicht nur die Nahrung, die den Magen füllt. Es gibt auch die Nahrung der Liebe, die die Herzen nährt und die Seelen sättigt.

❁ Die Liebe ist eine Schule, in der wir die edlen Gefühle und den reinen Pulsschlag der Seele kennenlernen.

❁ Die Liebe, die in einer warmherzigen Stimme liegt, genießen wir im gegenwärtigen Moment. Darin liegt Vertrautheit.

❁ Der Genuss der Liebe besteht in einem Gefühl, das jede aufgebrachte Stimme zum Schweigen und jede Erregung zur Ruhe bringt. Der Rausch trägt uns mit den Flügeln des Traums hoch in den Himmel, bis wir dem Bild und der Stimme des Geliebten begegnen.

❁ Den Genuss der Liebe finden wir in einer Sehnsucht, aus der Liebe strömt, die nicht trocknet und Tränen fließen lässt, die nicht der räumlichen Trennung geschuldet sind.

❁ Wenn der Verstand dem Herzen die Liebe zu einem Menschen zugesteht, bedeutet dies, dass diese Zuneigung vollkommen ehrlich ist.

❁ Abstand zu halten, erinnert an jene trockenen Blätter der Liebe, die nach dem Tod der Leidenschaft gefallen sind. Der Abstand könnte lediglich der Winter sein, auf den ein Frühling voller reifer Gefühle folgt.

✤ Es gibt nichts schöneres, als den Tag mit Liebe zu beginnen. Dann wird es ein guter Tag. Ich liebe dich, mein Gott. Ich liebe euch, meine Familie. Ich liebe meine Arbeit. Ich liebe euch, meine Freunde. Ich liebe mein Leben und mein Schicksal.

✤ Wenn unsere Seele mit der Liebe zu Gott, dem Großartigen, erfüllt ist, dann wird unsere Seele mit einem Licht leuchten, das jede Dunkelheit vertreibt und uns den Weg zur Glückseligkeit und zum inneren und äußeren Frieden weist. Dann herrscht Friede zwischen den Menschen.

✤ Die Liebe zu Gott sowie die Betrachtung der Schönheit und der Größe seiner Schöpfung und seines Universums tragen dazu bei, dass wir uns bessern und sich unsere Seelen emporheben.

✤ Die größte Liebe ist die Gottesliebe. Wenn wir die Menschen lieben, weil wir Gott lieben, dann wird die Welt schön und das Leben frei von Kummer sein.

✤ Die wahre Liebe bekommt am Ende jeden Jahres einen neuen Ansporn. Das Herz erneuert sein Versprechen der Liebe. Sein Pulsschlag und seine Schwingungen werden frischer.

✤ Auf die Stirn der Liebe schreibe ich dir ein traumhaft schönes Gedicht mit der Tinte eines Herzens, das für dich schlägt.

✤ Einen kühlen Kopf zu behalten ist gut, außer in der Liebe. Denn der Verstand in Gegenwart des Herzens erscheint als eine Form des Wahnsinns.

✤ Die letzte Glut des erlöschenden Feuers der Liebe ist eine Botschaft aus dem Herzen einer Frau. In diesem Herzen verbrannte das Holz der Liebe zu Asche.

✦ Manchmal steht die Liebe am Ende des Sprungbrettes und hat Angst vor dem Sprung. In der Tiefe liegt das lebendige Paradies der Liebe. Das Herz stirbt einsam und verlassen. Der Verstand tröstet es, während es die Feigheit und die Angst verurteilt.

✦ Ich küsse mit aufrichtiger Liebe die Stirn des Fremden. Als das Leben mich zum Weinen brachte, fand ich ihn in meiner Nähe, während sich meine Nächsten entfernten.

✦ Die Liebe zwischen der Mutter und ihren Kindern ist die einzige Liebe, die frei von Falschheit, Heuchelei und Lügen ist.

✦ Man irrt sich, wenn man glaubt, dass die Liebe alleine dazu fähig wäre, Nähe lebenslang aufrecht zu erhalten. Die Art, wie die Liebe gelebt wird, entscheidet darüber, ob man auseinandergeht oder für immer zusammenbleibt.

✦ Die erste Freude des Tages besteht darin, die Genügsamkeit als eine Art seelisches Frühstück zu sich zu nehmen.

✦ Ich bin glücklich. Ich bin reich. Ich bin gesund. Mir geht es gut, solange ich unter dem Schutz Gottes stehe. Wiederholt diese Sätze jeden Morgen, damit ihr die Schönheit der Welt wahrnehmt!

✦ Lächelt, egal was passiert! Denn vielleicht kommt durch das Rund eurer lächelnden Lippen die Lösung, die im Gefängnis der Trübsal gefangen gehalten wurde.

✦ Die wahre Freude zeigt sich im unbeschwerten Gelächter. Im Lachen fangen wir alle Trübsal und Melancholie aus der Tiefe der Seele ein und werfen sie über Bord.

✦ Du wirst die Glückseligkeit nicht finden, bevor die Liebe dein Herz lebendig macht. Dann werden deine Augen die Schönheit des Universums und des Lebens um dich herum in aller Deutlichkeit sehen. Dann wirst du inneren Frieden finden, der auch alle, die dir nahe stehen, erfüllen wird.

❂ Die strahlenden Gesichter, die dich voller Optimismus anlächeln, bedeuten keinesfalls, dass die Trauer ausgestorben wäre. Sie sagen uns einfach, dass es trotz aller Sorgen immer noch Platz für Freude und Fröhlichkeit im Leben gibt.

❂ Erhaben ist Gott, der das Gebet zur Quelle der Gelassenheit und tiefer Meditation macht. Mit dem Gebet dringen viele Freudestrahlen in die Seele.

❂ Iss! Bete! Liebe! Hiermit wird das gleichseitige Dreieck der Philosophie der Glückseligkeit beschrieben, die sowohl die Seele als auch den Körper erfasst.

❂ Ein Grund zur Freude ist die Fähigkeit, die Augen von allem Hässlichen abzuwenden. Die Augen sollen jede Schönheit suchen, die uns im Universum und in unserem Leben begegnet.

❂ Freude bereitet die Reinheit der Absichten, der Moral, des Körpers und des Ortes.

❂ Die Freude des Lebens beginnt mit dem Glauben an folgenden Vers im Koran: „Ich überlasse meine Sache Gott. Gott durchschaut die Diener." (Sure 40/44)

❂ Die Geometrie der Seele ist ein entlegenes Fachgebiet. Nur der beherrscht sie, der sich auf den Bau von luxuriösen Freuden der Seele spezialisiert hat und dabei ausschließlich hochwertige Baumaterialien der Existenz verwendet. Das sind die Liebe, die Schönheit und der Friede.

❂ Die Mischung aus Freude, Dankbarkeit und Erstaunen ruft Fröhlichkeit hervor. All diese Gefühle werden in einem Lächeln zusammengefasst.

❂ Anlass zur Freude ist, wenn die Bäume sich schmücken und prachtvolle Gewänder anziehen.

❁ Keine Freude gleicht dem Glücksgefühl der Dankbarkeit gegenüber Gott für all seine Gaben. Dieses Gefühl stellt sich oft nach Freudenmomenten ein, während derer man häufig vergisst, dass sie der Gabenfülle des Herrn entspringen.

❁ Meine Familie und ich! Wir sind die Basis, auf der wir Wolkenkratzer der Freude bauen können, in deren höchster Etage wir wohnen.

❁ Die Schönheit ist eines der Fundamente der Glückseligkeit. Deshalb sollen wir sie in allen Details des Lebens suchen. Unsere Sinne sollen diese Schönheit wahrnehmen und unsere Seele soll sie fühlen.

❁ Ich habe das zerschlissene Kleid der Freudlosigkeit abgelegt und habe das elegante Kleid der Freude angezogen, seit dem Tag, an dem du in mein Leben getreten bist.

❁ Das wohl gewählte Wort macht Freude. Dabei spielt es keine Rolle, ob man es in der Poesie, in der Prosa oder in einem Gespräch antrifft. Die starke Persönlichkeit wählt ihre Worte mit Bedacht.

❁ Die größte Freude bereitet der Moment, der von den Fesseln der Erinnerungen befreit ist, die im Gefängnis der Vergangenheit gefangen sind. Dieser Moment ist frei von der Sorge um unsere Wünsche, die in den Schubladen der Zukunft aufbewahrt werden.

❁ Die schönste Freude besteht darin, die Samenkörner der Liebe in das Herz zu pflanzen, damit sie in den Gärten der Schönheit blühen. Die Gärten in unseren Seelen breiten sich um uns herum aus. Ihr harmonischer Duft verheißt Frieden.

❁ Zu den Anlässen der Freude gehört, dass du jeden Morgen vor dem Spiegel stehen kannst und Liebe und Selbstachtung spürst, während deine Augen die Schönheiten deines Körpers betrachten. Dann dankst du Gott für seine Gaben. Du sprichst folgendes Bittgebet: „Gepriesen sei Gott, der mich schön erschuf!

Gott, bessere mein Wesen, so wie du meine Gestalt schön geschaffen hast!"

❁ Ich glaube, dass der schöne Schein eine Maske ist, die von Menschen getragen wird, die kein Selbstvertrauen haben.

❁ Das Geheimnis von Freude und Frieden liegt im Jetzt. Wir sollen der Gegenwart die gebührende Achtung entgegen bringen, anstatt sie mit den Fehlern der Vergangenheit, den Unwägbarkeiten der Zukunft oder mit quälenden Gedanken zu belasten.

❁ Es gehört zur Freude, dass dir Gott eine neues Leben schenkt.

❁ Warmherzigkeit und Geborgenheit sind Gefühle, die den Ballon der Trauer mit Freude füllen und zum Platzen bringen. Dann verbreitet sich um dich herum ein Gefühl der Glückseligkeit und die Befreiung von Sorge und Kummer verbreitet den Duft ehrlicher Zuneigung.

❁ Nur die Freude der Gegenwart ist sicher. Denn die Vergangenheit ist tot. Uns bleiben lediglich süße Erinnerungen. Die Zukunft ist unbekannt. Wir können es nicht riskieren, unsere Freude für die Zukunft aufzuheben. Denn sie könnte sich als Illusion erweisen.

❁ Die Suche nach der Glückseligkeit sollten wir in unserem Inneren beginnen. Bestimmt werden wir sie bei den Wünschen finden, deren Erfüllung durch widrige Umstände vereitelt wurde oder die unter der Vergessenheit begraben liegen.

❁ Die innere Freude ist eine natürliche Kosmetik für unser Äußeres. Sie verleiht dem Gesicht Ausstrahlung und Schönheit.

❁ Er: „Hast du etwas für mich bekommen?"
Sie: „Ich habe die Nachricht bekommen, dass die Freude fliegenden Teilchen gleicht, die in einem schönen Kasten gefangen

sind. Sobald du ihn öffnest, verbreiten sie sich um mich herum, damit ich sie voller Freude einatme."

❁ Jeder kann einen Rahmen für deine Glückseligkeit abstecken. Aber die präzise Linienführung der Freude und die dekorative Ausgestaltung kann nur der Mensch vornehmen, dem du wirklich wichtig bist.

❁ Gib mir deine Hand! Umfasse fest meine Hand! Denn in unseren Händen befindet sich die Glückseligkeit. Ich fürchte, dass sie verfliegt, wenn wir unsere Hände öffnen.

❁ Ein Leben ist vergangen und ein anderes Leben beginnt. Zwischen den Beiden befindet sich unser jetziges Leben. Es wäre schön, wenn wir die Gegenwart nicht durch die Vergangenheit belasten und wenn wir uns die Zukunft nicht mit Vergangenem verstellen.

❁ Das Leben ist wie ein Kaffee. Es ist bitter. Aber es ist eine süße Bitterkeit. Das Problem des Kaffees liegt in seiner Kälte und nicht in seiner Bitterkeit. Deshalb ist es vernünftig, einen neuen, frischen Kaffee zu brauen, statt die Bitterkeit der Kälte zu trinken.

❁ Die Erfahrung hat mich gelehrt, dass das wirkliche Leben im Moment der Glückseligkeit liegt.

❁ Der Schmuck und die strahlenden Farben des Lebens sind eine Gottesgabe. Wir müssen sie immer im Bewusstsein behalten, wenn die Freude durch die Probleme des Alltags verblasst.

❁ Wenn du die Liebe zum Leben in deinem Herzen und ihre Schönheit in deinen Augen bewahren kannst, selbst wenn die Sandstürme des Alltags diese Freude unsichtbar machen, dann gehörst du zu den glücklichsten Menschen.

❁ Wir werden die Farben der Lebensfreude überhaupt nicht sehen können, solange unsere Seele die dunkle Brille des Pessimismus trägt.

✿ Gott der Barmherzige schenkte dem Menschen die Samenkörner der Träume, damit er sie in die Erde des Lebens pflanzt und sie mit Optimismus und Arbeit gießt. Dann werden sie auch die Früchte des Gelingens hervorbringen.

✿ Das Leben ist wie das Wetter. Manchmal überfallen uns Stürme der Ratlosigkeit, voll mit dem Sand der Sorgen, der uns die Sicht fast vollständig nimmt. Aber dann klart es auf und die Sonne der Freude scheint wieder.

✿ Das Stolpern ist eine Lektion des Lebens, die uns reicher an Erfahrung werden lässt. Deshalb ist es eine Gabe Gottes, über die wir dankbar sein sollen. Denn Erfahrung verkürzt den Weg zur Zufriedenheit.

✿ Im Leben gibt es keine geschlossenen Räume, in denen die Sorgen überhand nehmen und die Seele verdunkeln. Es gibt immer ein Fenster, aus dem Licht in die Dunkelheit der Trauer dringen kann.

✿ Leben und Hoffnungslosigkeit sind nicht miteinander vereinbar. Denn das Leben ist ein ständiger Frühling. Die Freude ist ewig. Die Freude ist ein Licht, das für immer leuchtet und die Wolken vertreibt, wenn sich die Sorgen verdichten.

✿ Das Leben ist schwer, wenn unsere beide Herzen im Gleichklang schlagen, aber durch das Skalpell der Umstände getrennt werden.

✿ Die Lektionen des Lebens und den Genuss, den ihr Erleben uns bereitet, machen uns neugierig auf Neuentdeckungen bis zum letzten Atemzug.

✿ Die kleinen Dinge des Lebens sind Philosophie pur.

✿ Der Respekt vor schwachen Menschen erfordert die Unterdrückung der eigenen Eitelkeit, Selbstdisziplinierung, eine Vertiefung der Moral und Veredlung der Seele. Wenn wir diese Menschen ehren, dann sind wir Botschafter des Friedens und der Menschlichkeit. Wer von uns will kein Botschafter werden?

❋ Jede Minute in unserem Leben birgt in sich das Angebot, einen frischen Neuanfang zu wagen.

❋ Was würde geschehen, wenn ich mich darauf einließe? Was würde passieren, wenn ich es nicht tue? Zwischen diesen beiden Möglichkeiten liegen der Beginn oder das Ende eines Lebens.

❋ Wenn wir der Welt voller Zufriedenheit die Hand geben, wird die Welt und alles, was auf ihr ist, auch mit uns zufrieden sein.

❋ Das Beste wäre, wenn du das Gefängnis der Ernsthaftigkeit in die Luft sprengst und im unerwarteten Moment etwas vollkommen Verrücktes tust. Probiere es! Du wirst herzhaft lachen und dann voller Fröhlichkeit zur Ernsthaftigkeit zurückkehren.

❋ Der Tanz ist ein körperlicher Sport und eine Reise in das Ich. Die eleganten, fröhlichen Schritte des Tanzes können unsere Ausstrahlung nicht beeinträchtigen, solange wir diesen Sport maßvoll betreiben.

❋ Wenn wir uns überzeugen ließen, dass das Ich und die eignen Wünsche sich nicht einem Wir unterordnen sollen und die Leistungen, die wir zusammen schaffen können, eins wären, dann wäre es leichter und sicherer ans Ziel zu gelangen.

❋ Wir sollen uns selbst in Ehren halten und an uns glauben. Denn Selbstachtung und Selbstwertgefühl verkürzen die Wege zur Zufriedenheit.

❋ Die vergangenen Stunden des Tages kommen nicht wieder. Deshalb ist es unsinnig, die Zeit des Lebens auf Dornen statt auf Kissen der Freude zu verbringen.

✿ Die Trauer im Leben ist der Galgenstrick für die Hoffnungslosen. Die Regel im Leben ist die Freude. Die Sorgen sind nichts anderes als Sommerwolken, die schnell vorbeiziehen.

✿ Die Wünsche sind Samenkörner, die in die Erde der Träume gepflanzt werden, wo sie mit Bittgebeten und Arbeit gegossen werden. Dann können wir sie als reale Früchte ernten, die an den Zweigen der Tage hängen.

✿ Die Dankbarkeit gegenüber Gott ist wie ein glücklicher Urlaub, den wir ohne Tränen der Trauer, ohne Schmerzen der Krankheit und ohne Kummer über Verluste genießen können. Dankbarkeit lässt uns eifrig und glücklich arbeiten. Denn es gilt Gottes Aussage: „Wenn ihr dankbar seid, gebe ich euch gewiss noch mehr." (Sure 14/7)

✿ Die schönsten Errungenschaften sind jene, die zuvor Träume waren, die wir in die Tat umsetzen konnten.

✿ Warum? Wo? Wie?
Das maßvolle Fragen hilft uns beim Verstehen und Begreifen. Aber das exzessive Hinterfragen und das Ausdiskutieren aller Einzelheiten lässt uns in Sorgen und Ängste abgleiten.

✿ Die Dankbarkeit entspringt der Geborgenheit und dem Wohlergehen. Wir sollen für unseren Körper, unsere Lebensumstände, und unsere gesamte Umgebung dankbar sein und sie lieben, damit diese Liebe erwidert wird, wie wir es wünschen.

✿ Die Dankbarkeit mit dem, was wir haben und die Akzeptanz auch widriger Umstände lassen uns jede Schwierigkeit leicht überwinden und ungehindert den Weg zur Glückseligkeit beschreiten.

✿ Ich liebe die schwarze Farbe der asphaltierten Straße, die sich der Allmacht der Wüste widersetzt. Das Bild zeigt mir: Hinter jedem Tod verbirgt sich Leben, solange der Wille da ist!

❁ Bevor du jemandem Vertrauen schenkst, überprüfe sein Herz! Vertraue niemanden, dessen Herz die Liebe verschläft und der seinen Verstand immer nur für seine eigenen Interessen einsetzt.

❁ Da die Geduld der Schlüssel zur Problemlösung ist, hat Gott die Geduld mit guten Nachrichten verbunden.

❁ Die Menschen, deren Gesichter vor Freude strahlen, haben eine reine Seele. Gott hat sie auf die Erde geschickt, um den Herzen in Bedrängnis Kraft und Zuversicht zu spenden.

❁ Aus den Augen der strahlenden Gesichter spricht Glaube und Zuversicht, die mit jedem Lächeln weitergegeben werden.

❁ Lasst uns unsere Augen vor den anmaßenden Ratschlägen anderer verschließen und der Stimme unserer Wünsche folgen, solange wir uns im Rahmen dessen bewegen, was gottgefällig ist und gesellschaftlich akzeptiert wird.

❁ Wenn wir dem gegenwärtigen Moment die Anerkennung und die Aufmerksamkeit zuteilwerden lassen, die er verdient, wird er uns mit angemessener Freude und Fröhlichkeit belohnen.

❁ Beim Reisen geben uns die schmalen Wüstenwege und kurvigen Landstraßen die Gelegenheit, viele Orte zu sehen, die wir auf der Autobahn nie hätten sehen können. So verhält es sich auch mit unserem Leben, das ebenfalls nicht immer in gerader Bahn verläuft.

❁ Wer sagt, dass das Leben der Freude kurz ist, liebt das Musizieren auf einer orientalischen Flöte, die traurige Lieder spielt. Diese Person hat eine melancholische Stimme, die die Herzen anzieht, die in die Schwärze der Hoffnungslosigkeit eingehüllt sind.

❁ Ich liebe den Geruch der Erde, wenn sie ihre Frische zurückerlangt hat und vom Regen gewaschen wurde. Ich liebe ein Frühstück im Grünen, bei dem mich ein Garten und viele Bäume umarmen.

❂ Die Dankbarkeit für das, was wir haben, ohne das besitzen zu wollen, was Gott anderen gegeben hat, verschafft uns Selbstvertrauen und inneren Frieden. Das verleiht uns Ausgeglichenheit im Umgang mit uns selbst und mit anderen.

❂ Die schmerzhaften Erinnerungen sind wie ein altes Möbel, das durch die Sticheleien der Freude alt und verschlissen wurde. Sich seiner zu entledigen, garantiert die ungetrübte Freude des Moments und schützt vor dem Sturz.

❂ Jeder Tag ist wie ein Neugeborenes. Er verlangt nach Nahrung. Wir müssen ihn mit Optimismus füttern, damit er glücklich wird.

❂ Der stärkste Garant für unsere Standhaftigkeit und für unsere Unnachgiebigkeit gegenüber Verlockungen besteht darin, Gott mit der Liebe anzubeten, die die Angst überwindet. Allah liebt uns! Wir sollen ihn auch so lieben, wie er uns.

❂ Wir müssen am Anfang jeder Woche unsere Verpflichtungen zur Tapferkeit erneuern sowie die Abkommen mit dem Vertrauen und dem Optimismus unterzeichnen.

❂ Wer sagt, dass nur junge Frauen schön seien? Die Schönheit ist eine leuchtende Seele. Dieser Seele wohnt die Schönheit inne, die sie niemals altern lässt.

❂ Auf manche Menschen kann man nicht böse sein. Ganz gleich, wie oft sie uns vernachlässigen, lächeln wir ihnen zu. Solche Menschen sind eine Gabe Gottes. Er hat sie in unser Leben geschickt, damit sie es besser organisieren.

❂ Gott ist schön. Er ist der Schöpfer des schönen Universums. Er liebt es, wenn er die Spuren göttlicher Schönheit an den Menschen entdeckt. Lasst uns durch unsere Moral, unsere Seele, unseren Körper und unsere Absichten zu überzeugenden Boten der Schönheit werden.

✧ Einfachheit und Spontanität dringen in kürzester Zeit in die Herzen der Menschen, wohingegen Affektiertheit und Heuchelei die Herzen voneinander entfremdet.

✧ Die Viertelstunde, die ein Kind während der morgendlichen Fahrt zur Schule in den Armen seiner Mutter schlummert, gibt ihm Ruhe für sein ganzes Leben. Deshalb schimpft nicht mit ihm und lasst ihm diesen Moment!

✧ Wie schön ist es, mir ein Ziel zu setzen, das meinen Wünschen entspricht und das sich von den Zielen unterscheidet, die Millionen anderer Menschen anstreben. Das Ziel ist erstrebenswert, dass ich mir alleine ohne äußere Zwänge setze.

✧ „Mit dem Schweren gibt es Leichtes." (Sure 94/6). Wenn wir uns immer daran erinnern, wird es keine trübseligen Gesichter mehr geben und die Tore der Barmherzigkeit stünden immer weit geöffnet.

✧ Wir bekämpfen uns, schlagen uns, mühen uns ab und sind erschöpft. Wir drängeln, um an die Spitze dieser einen Pyramide zu gelangen. Dabei vergessen wir, dass es in den Ebenen des Lebens genug Platz für tausende Pyramiden gibt.

✧ Verlasse dich auf Gott und gehe deinen Lebensweg ohne Angst, dich zu verletzen oder plötzlich zu fallen, zu scheitern oder in den Fluren des Lebens zu verunglücken.

✧ Das viele Grübeln stürzt unser Leben ins Chaos und das Verlieren in Details bringt die Ordnung der Seele durcheinander. Wir sollten oft meditieren, um dem Chaos in unserem Gefühlshaushalt entgegenzutreten.

✧ Die Einzahlungen auf das Konto der Liebe und der Wertschätzung bei unseren Kindern ist die wahre Investition und das wahre Vermögen, das wir von ihnen im Alter zurückerhalten, wenn sie uns klaglos pflegen.

❁ Wir haben uns darauf geeinigt, dass wir uns nie einigen. Aber wir haben vereinbart, dass unsere Kontroversen nicht in Feindschaft münden, die den Blick verstellen für das gedankliche Potential, das in Meinungsverschiedenheiten liegen kann

❁ Es ist ein Genuss, die Schwierigkeiten und Unebenheiten des Lebens auf dem Weg zum Erfolg zu begradigen und die Hindernisse der Hoffnungslosigkeit und der Frustration zu überwinden.

❁ Es gehört zur Anerkennung der Gaben Gottes und zur Glückseligkeit, die bisweilen Tränen fließen lässt, dass unsere Leistungen im alltäglichen Leben durch das gute Benehmen der Kinder und ihren Erfolg gekrönt werden.

❁ Das Nichtstun ist wie ein Grübchen in der Wange des Morgens. Je mehr wir uns der Ruhe und Gelassenheit hingeben, desto fröhlicher sind unsere Morgen, deren Zauber wir besser genießen können.

❁ „Im Himmel ist euer Unterhalt und was euch versprochen wird." (Sure 51/22) Warum strengen wir uns bis zur völligen Erschöpfung an? Warum kämpfen wir mit solch unbarmherziger Entschlossenheit um materielle Werte, wenn doch alles, was wir bekommen sollen, beim Herrn der Schöpfung aufbewahrt ist?

❁ Samstag bedeutet wörtlich der Tag der Ruhe, des Schlafes, des Niederlegens der Arbeit. Er ist ein Tag des Verwöhnens, wie uns sein Name sagt. Wie schön ist es, ihn so zu begehen, wie er es verdient hat!

❁ Genieße dein Leben heute. Denn Gestern ist schon vergangen und Morgen kommt vielleicht niemals.

✿ Das Gute, das du nicht erwartet hast, ist ein Geschenk Allahs, des Gottes der Barmherzigkeit. Er zeigt, dass er dir nahe steht und dein großzügiger Versorger ist.

✿ Die Samenkörner der Freude, die in der Erde liegen, schlagen ihre Wurzeln tief in die Seele. Deshalb ist es töricht, die frischen Früchte durch die Feuchtigkeit der Sorgen zu verderben.

✿ Weil der Urlaub eine Zeit ohne Müdigkeit oder Langweile sein soll, müssen wir jede Minute davon ausnutzen, um die zerstreute Ruhe zu sammeln und uns an den Stränden des Wohlergehens auszuruhen.

✿ Wie schön ist es, die Illusion zu durchschauen und die Aufrichtigkeit der Wahrheit zu genießen.

✿ Ein Lächeln, Herzlichkeit und ein freundliches Wort! Das sind die äußeren Accessoires, die die innere Schönheit und die guten Manieren widerspiegeln.

✿ Das ehrliche „Danke!" ist ein warmherziges und zauberhaftes Wort. In seinen Buchstaben liegt eine seltsame Energie, die die größten Anstrengungen vergessen macht. Diese Energie verleiht Antrieb zu den erstaunlichsten Leistungen und verleiht große Freude.

✿ Die Mutter ist der Sicherheitsrat innerhalb der Familie. Sie ist außerdem Botschafterin des guten Willens in ihrem gesellschaftlichen Umfeld.

✿ An der Wange der Liebe liegt die Versuchung, die mit dem Zauber der Sehnsucht die Liebenden verschmelzen lässt.

✿ Wer versucht, den Pulsschlag zu stoppen, der dein Herz mit meinem verbindet, soll bestraft werden. Denn die Menschen, die vor lauter Liebe wahnsinnig werden, werden nicht zur Verantwortung gezogen. Ich bin verrückt nach diesem Pulsschlag und werde ihn wieder beleben.

✧ Wenn du weit von mir bist, überschreite ich die Grenze zum Wahnsinn. Dann springe ich über die Mauer des Verstandes, um gnadenlos Krieg gegen denjenigen zu führen, der dich von mir nimmt.

✧ Die Ruder des Tadels brechen bei alten glücklichen Erinnerungen. Dann treiben wir hilflos mitten im Meer der Sehnsucht, bis wir versinken.

✧ Weißt du: Je kälter deine Gefühle werden, desto mehr wünsche ich, dir in den Fluren des Gedächtnisses ein Lager zu bereiten und aus unseren glücklichen Zeiten Holz herbeizuholen, mit dem ich deine Sehnsucht entfache. Vielleicht wird es das Eis in deinem Herzen schmelzen lassen. Dann würden aus deiner Liebe Täler der Freude entstehen, in die die Flut der Verliebtheit machtvoll strömt.

✧ Wie oft haben die Erinnerungen nachts gebetet und in der Gebetsnische der Sehnsucht vor Ehrfurcht geweint.

✧ Du bist mein unausweichliches Schicksal! Ich habe vergeblich versucht, mich vor dir in den dunklen Winkeln des Vergessens zu verstecken. Aber ich begegne vielem aus unserer gemeinsamen Vergangenheit, was mich in den Fluren des mit dir lebendigen Gedächtnisses verfolgt.

✧ Die Träume sind bezaubernde Wünsche. Sie werfen die Netze der Verführung in die Tiefe der Sehnsüchte und hoffen, etwas Begehrenswertes zu fangen.

✧ Manche Menschen sind mit engelhaften Seelen geschaffen worden. Wir gehen zu ihnen inmitten der Stürme unserer Ratlosigkeit, die uns niederwerfen. Nach unserem Besuch bei ihnen sind wir so entspannt, als wären wir am Strand der ruhigen Zuversicht.

✧ Die plötzliche Müdigkeit ist wie eine rote Ampel. Sie erinnert uns daran, dass wir Verantwortung für unseren Körper haben und dass uns unser Körper von Gott anvertraut wurde. Wir werden bestraft, wenn wir ihn missachten.

❀ Die Krankenhäuser sind eine Bühne, auf der sich verschiedene dramatische Geschichten abspielen. Allein der Herr der Welt schreibt sie zu Ende. Der Patient ist froh, dass sein Schicksal in den Händen Gottes liegt und kann deshalb die Sorgenszenarien beiseiteschieben.

❀ „Mama! Ich möchte deine Hand halten!"
Wenn mein Sohn wüsste, wie sehr ich Gott für seine Kindheit dankbar bin! Seine kleine Hand hat meine Hand aus reiner Liebe, ohne Heuchelei und Falschheit, umfasst.

❀ Manchmal stellen wir am Ende des Weges fest, dass wir eine Kehrtwende in unserem Leben machen müssen, die uns zum Ausgangspunkt zurückführt. Dann gehen wir unseren Weg mit mehr Sicherheit.

❀ Der Stolz ist der Brosamen, von denen sich die Würde ernährt, um sich aufrecht zu erhalten, auch wenn sie enttäuscht wird und ihr Selbstvertrauen zu verlieren droht.

❀ Wie schön ist es, unser Leben zu dokumentieren, indem wir jeden Tag einen fröhlichen Einfall mit Buchstaben der Liebe auf die Blätter der Tage schreiben, anstatt jeden Tag ein Blatt aus dem Kalender reißen zu müssen.

❀ Es gibt viele schöne Momente in der Gegenwart. Aber der schönste Moment in meinem Leben ist noch nicht gekommen. Denn das, was bei Gott aufgehoben ist, ist immer besser.

❀ Manchmal ist die Wahrheit bitter. Aber letztendlich kann sie die Medizin sein, die viele Krankheiten heilt.

❀ Die längsten Strecken sind die, die wir auf unbefestigten Wegen voller Gefahren beschreiten. Diese Wege führen an Fallgruben entlang, die in die Tiefe der bitteren Wahrheit führen.

❁ Betrug, egal ob von einem Mann oder einer Frau begangen, ist niemals gerechtfertigt. Ein liebevolles, ehrliches Herz kann kein Herz annehmen, das bereits durch Betrug verschmutzt wurde.

❁ Wir können die Vergangenheit niemals ändern. Aber wir sind immer in der Lage, die Gegenwart zu genießen und die Zukunft zu ändern.

❁ Zu den Regeln der Liebe gehört folgende: Streife deiner Zunge nicht den Mantel der Lüge über, während du das Herz deines Geliebten durch deine Taten zu Eis erstarren lässt.

❁ Die Freude hat den Geschmack des reinen, süßen Lachens, das wir voller Fröhlichkeit kosten.

❁ Die Seele braucht die Erneuerung, damit sie weiterhin geben kann und vom Normalen und Gewöhnlichen abweicht. Dabei sollte sie sich innerhalb der Grenzen des von Gott Erlaubtem bewegen.

❁ Manchmal sehnen wir uns so sehr nach einer Sache, als würden wir ohne sie nicht leben können. Aber dann überrascht uns Gott mit der Erkenntnis, dass sie nicht für uns bestimmt ist und dass unser Leben auch ohne sie weitergeht. Lasst uns Gott und seiner Wahl vertrauen!

❁ Das neue Jahr ist wie ein neues Haus. Es bietet die Chance, die Seele mit Hoffnung und Optimismus auszustatten. Wir sollen auf keinen Fall unsere alten Sorgen mitnehmen.

❁ Oft ist erzieherische Härte gegenüber unseren Kindern für uns schwerer zu ertragen, als für unsere Kinder.

❁ Geben ist eine Krankheit, die nur durch weitere Bevorzugung der anderen behandelt werden kann. Vorher muss man aber die Folgen für die eigene Psyche genau abschätzen.

✪ Kühnheit -
Sie ist ein Moment der Verrücktheit, der vom Diktat des Verstandes befreit ist. Dann kann man sich dem Verrücktsein hingeben und die Routine des Alltags überwinden.

✪ Die Behandlung von Schmerzen besteht darin, sich mit ihnen zu konfrontieren. Es bereitet noch mehr Schmerzen, vor ihnen zu fliehen.

✪ Was passiert, wenn wir nach langem Geben doch egoistisch handeln? Würde sich dann unsere Seele, die vom vielen Geben erschöpft ist, erholen? Oder würde unsere Seele leiden, weil sie sich an das Geben gewöhnt hat?

✪ Was passiert, wenn wir uns mutig mit Schmerzen in ihrer stärksten Form konfrontieren? Werden sie uns mit ihrer Wildheit besiegen? Oder werden wir sie mit der Überzeugung überwinden, dass wir noch gläubiger und stärker sind?

✪ Was passiert, wenn wir alle Hindernisse, die andere uns in den Weg gelegt haben, einfach beseitigen? Werden wir glücklich sein, nachdem wir sie überwunden haben? Diese Freude kann von kurzer Dauer sein. Oder werden wir glücklich sein, weil wir unser Ziel erreicht haben?

✪ Was passiert, wenn wir die welken Träume mit süßer Hoffnung und Arbeit tränken würden, selbst wenn die Umstände unfruchtbar erscheinen? Werden diese Träume sterben? Oder wird das Festhalten daran, die Erde der Realität fruchtbar machen, so dass Hoffnung keimen kann?

✪ Im aufsteigenden Dampf meines Kaffees erkenne ich: Die Trauer ist schwarz, heiß und verbrannt. Im Kaffee wurden der Dampf, der die Sorgen vertreibt und die Bitterkeit der Wärme für den Trinkenden zum Genuss.

❁ Nach den Ferien kannst du sagen: Endlich wurde das Chaos des Alltags auf den Regalen der Disziplin im Schrank der Zeit geordnet! Ein schönes Gefühl! Schöner ist allein die Freude über jeden Schritt, den wir machen, um Wissen zu mehren oder unserer Arbeit nachzugehen.

❁ Der beruflichen Begabung junger Leute muss die gebührende Förderung zuteilwerden. Dadurch wird der Arbeitsmarkt gestärkt und der soziale Friede gewährleistet.

❁ Mach dir keine Gedanken, solange du und ich durch die Schläge unserer beiden Herzen in einem gemeinsamen Pulsschlag vereinigt sind. Das ist das Wichtigste. Alles andere ist sinnloses Gerede einiger Menschen, die Sehnsucht nach Liebe haben, weil ihre Liebe nicht erwidert wird.

❁ Lesen ist der Schlüssel für die verschlossenen Köpfe. Lesen ermöglicht es, die unvermeidbaren sozialen Änderungen zu begreifen. Mit einem neuen Verständnis könnten auch diese Köpfe von großem Nutzen für die Gesellschaft sein, anstatt ein Hindernis auf dem Weg ihrer Entwicklung darzustellen.

❁ Gib Acht, dass du nichts zusagst, was du nicht in die Tat umsetzen kannst. Denn damit spielt man mit dem Ventil der Geduld, was zur Explosion des Vertrauens führen kann.

❁ Das Verletzen von Gefühlen ist eine Straftat, die mit der Haft im Gefängnis des Gewissens geahndet werden soll, bis man Reue zeigt. Aber der Betrug ist ein vorsätzlicher Mord, den die Seele am Vertrauen begeht, wofür als Strafe die Trennung verhängt wird.

❁ Die ehrlichen Absichten nehmen den kurzen Weg und offenbaren sich den Menschen, an denen uns liegt. Sie erreichen die Tore der Herzen auf direktem Weg. Noch bevor man anklopft, öffnen sich die Tore des Vertrauens.

❀ Es ist ratsam, uns in Zeiten der Konflikte und Krisen nicht vorschnell zu Analysen und Urteilen hinreißen zu lassen. Schweigen ist weise, bis sich der Nebel lichtet.

❀ Die Zahl der Menschen ist gewaltig und nicht leicht zu bestimmen. Nur Gott, der Einzige, ist in der Lage, alle Menschen zu hören und wahrzunehmen. Wir sind zuversichtlich, dass er ihnen gnädig ist und sie reichlich beschenkt.

❀ Die Zuversicht in Gott lehrt uns, dass jeder Mensch eine Frage und einen Wunsch in den Umschlag des Bittgebets stecken und an den Herrscher des Himmels schicken kann. Gott, der Allmächtige, in seiner ewigen Weisheit weiß, was gut ist. Dann spricht er „Sei!" und es wird.

❀ Wenn die Menschen doch wüssten, dass die Kraft, mit der sie die Masken der Täuschung aufrecht erhalten, so schwach ist, dass sie schnell abfallen werden!

❀ Einige Herzen sind so zart, dass sie gegenüber Gefühlen sehr empfänglich sind. Wenn sie missachtet werden, brechen sie. Ein solcher Bruch kann dann nur durch warmherzige Gefühle und mit einer großen Portion Zärtlichkeit behandelt werden.

❀ Das Herz, das durch den Blutkreislauf mit Liebe versorgt wird, kann nicht ohne Liebe leben, selbst wenn es schlechte Zeiten voller Enttäuschung erlebt.

❀ Dieses Lächeln hat einen Staudamm gebaut, um die Flut der Tränen der Enttäuschungen zurückzuhalten. Dieses Lächeln war ein letzter Kuss auf die Stirn der Geduld, bevor wir sie auf dem Gleis der letzten Chance verabschiedet haben.

❀ Unser Ich verdient es, geliebt zu werden und unsere Fürsorge zu erfahren. Schenkt eurem Ich Aufmerksamkeit, dann zeigt es sich von seiner besten und hervorragendsten Seite.

❖ Du bist derjenige, der für mich die ganze Menschheit in einer Person vereint. Diese Person trägt in sich die Schönheit und in ihrem Herzen die Geborgenheit des Lebens.

❖ Der Freitag hat eine besondere Bedeutung in meinem Herzen. Er ist der Tag der wertvollsten Erinnerungen, die die schönsten Bilder in meinem Gedächtnis heraufbeschwören. Mit dem Duft von Kaffee und Weihrauch erwacht die Sehnsucht.

❖ Wenn sich die Träume verwirklichen, dann werden sie eins mit der Glückseligkeit. Wenn sie aber den Märtyrertod finden, dann werden sie Respekt erlangen. Sie werden würdevoll zu Grabe getragen, da man zumindest den Versuch unternommen hat, sie zu verwirklichen.

❖ Es ist möglich, dass uns ein Fenster nicht reicht, um aus dem Zimmer hinauszutreten, in dem sich die Träume stapeln. Wir brauchen eine weite Tür, aus der wir zum Ufer der Hoffnung gelangen können und die Luft atmen, von der die Träume leben.

❖ Vielleicht ist uns das Schicksal gnädig. Aber wenn der Tod unausweichlich ist, dann sollen die Träume würdevoll im Kampf als Märtyrer sterben.

❖ Die Ausstrahlung verleiht einer Persönlichkeit Respekt, dessen Glanz selbst nach ihrem Ableben erhalten bleibt.

❖ Der edelste Abschied wird vollzogen, wenn sich zwei Seelen in Respekt und gegenseitiger Anerkennung trennen.

❖ Ein Ziel zu erreichen und eine Leistung zu vollbringen, entspringt einem Bedürfnis. Aber der Wunsch besteht darin, eine Sache zu genießen und daran festzuhalten. Er verleiht uns auch die Kraft, Hindernisse auf dem Weg zum Ziel auszuräumen.

❖ Im Lächeln, mit dem du den Menschen begegnest, die deine Prinzipen der Liebe, der Schönheit und des Friedens missachten, liegt die wahre Prüfung deines Vertrauens.

✺ Die Bereitschaft, die Schönheit des Tages wahrzunehmen, fängt damit an, die Seele durch die Liebe zu reinigen, die Brille der Schönheit aufzusetzen, die Hässlichkeit unsichtbar macht und ein Parfüm des Friedens zu tragen, das uns ein Gefühl der Geborgenheit verleiht.

✺ Der Weg ist ein Begleiter. Deshalb sollt ihr eure Wege zur Arbeit, zum Wissen und auch die zum Arzt freudvoll gehen. Verfolgt eure Wege mit Liebe, damit sie euch mit Gottes Hilfe zu Erfolg, zu einem erweiterten Bewusstsein und zur Erholung führen!

✺ Ich stehe am Rand einer wankenden, unterspülten Sandbank aus Sehnsucht. Ich versuche, mich an einer liebevollen Stimme festzuhalten. Vielleicht rettet sie mich vor einem tödlichen Sturz in das tiefe Tal der Leidenschaft.

✺ Die Erinnerung an gemeinsame Zeiten mit dir springen aus den Fenstern des Gedächtnisses. Sie spielen im Hof meines Herzens und schaukeln auf der Schaukel der Gefühle zwischen Sehnsucht und Ungeduld hin und her. Zwischen den beiden genieße ich das süße Gefühl.

✺ Eine Tasse Kaffee ist wie ein Leben. Wir trinken die interessanten Geschichten und genießen wohltuende Gespräche, die uns den Alltag vergessen machen. Wir müssen uns nur den richtigen Freund aussuchen, mit dem wir den Kaffee trinken.

✺ Ich habe mich gefunden, als ich die falschen Menschen in meinem Umfeld entlarvt habe. Seitdem ich sie aus meinem Leben verbannt habe, geht alles besser.

✺ Ich habe mich gefunden, als ich zur Überzeugung gelangt bin, dass ich alles schaffen kann, was ich will. Sobald der Glaube an uns selbst unsere Seele berührt, geschehen Wunder.

✺ „Er lenkt die Verfügung." (Sure 13/2) Solange meine Angelegenheiten in Deinen Händen liegen, Allah, hat die Angst keinen

Platz in meiner Seele und keine Sorge kann mein Vertrauen in Dich erschüttern.

❁ Die Träne des Kindes drückt einen Wunsch aus, den es nicht in Worte fassen kann. Sein Lächeln aber ist der Ausdruck der Dankbarkeit für die Liebe und die Fürsorge seiner Eltern sowohl in der Gegenwart als auch in der Vergangenheit.

❁ Ich habe mich gefunden, als ich reine, mir zuvor unbekannte Seelen aus unterschiedlichen Orten traf, mit denen ich Freude und Lachen teilen konnte.

❁ Ich habe mich gefunden, als ich mit mir selbst ins Reine gekommen bin. Ich bringe mir selbst Verständnis entgegen und gebe meinen Bedürfnissen den Vorrang. Mein ‚Ich' steht an erster Stelle und es entscheidet darüber, welche Bedeutung ich anderen Dingen und Menschen beimesse.

❁ Ich habe mich gefunden, als Gott mir jemanden schickte, der meine falschen Überzeugungen korrigierte und sie auf ein neues, solideres Fundament stellte.

❁ Wie schön ist es, die Vorhänge vor den Fenstern aufzuziehen und dem Universum jeden Morgen zu wünschen:
Einen Morgen voller Hoffnungen, die an den Toren des Himmels hängen! Einen Morgen des Optimismus, der die Luft durchdringt! Eienn Morgen des Lächelns in den Gesichtern der Glücklichen!

❁ Das Flugzeug und ich waren Feinde. Unsere Beziehung war geprägt von Angst und heftigem Streit. Aber wir sind, Gott sei Dank, zu Verliebten geworden. Wenn der Abstand zwischen uns groß wird, vermissen wir uns sehr.

❁ Der Begleiter auf der Reise kann entweder eine große Last sein, die dir die Freude nimmt und dich in tiefe Unzufriedenheit

stürzt oder eine frische Brise, die dich in den Himmel der Erhabenheit und der Freude erhebt.

✿ Wenn ich zwischen Himmel und Erde schwebe, schaukele
ich auf der Schaukel der Meditation, die von der Schönheit der von
Gott geschaffenen, himmlischen Bilder lebt.

✿ Jedes Mal vor dem Abflug werfe ich alle negativen Gedanken über Bord. Dann fliege ich hoch und schwebe in einer Atmosphäre der Ruhe. Ich verliebe mich in den Himmel und flüstere den
Wolken zu.

✿ Sei nicht traurig und gib die Hoffnung auf die Barmherzigkeit Gottes nicht auf! Vertraue darauf, dass das, was Gott für dich
im Paradies bereithält, besser und dauerhafter sein wird! Sei sicher,
dass der, der an Gott glaubt, in sein Paradies eingeht!

✿ Vertrauen ist eine wertvolle Sache. Das Herz hat mehr verdient als einen Menschen, der sich nur dann um dich kümmert,
wenn du seine Wünsche erfüllst. Deshalb sei dankbar für jedes
verletzende Verhalten dieser Menschen, das ihre Verlogenheit offenbart!

✿ Gott sei Dank!
Wir können diesen Dank nicht oft genug wiederholen, wenn die
Maske von Menschen fällt, denen wir vertraut haben. Sobald wir
etwas tun, das diesen Menschen missfällt, drohen sie damit, uns zu
bestrafen, indem sie uns ihr Vertrauen entziehen.

✿ Ich möchte nicht in die Zukunft sehen können, damit ich
mich nicht bereits jetzt darüber ärgere, was mich vielleicht später
ärgern wird. Ich möchte auch nicht die Freude der Überraschung
und die Tiefe des Glücks verlieren, bevor das eintrifft, was mich
vielleicht erfreut. Alles hat seine Zeit.

✿ Wenn ich mit den Flügeln der Absicht am Himmel der Bequemlichkeit fliege, der mich zu den Städten des inneren Friedens

bringt, frage ich mich: Worin besteht die Anstrengung des Reisens, über die die Leute klagen?

❀ Solange wir in der Lage sind, aus dem geschlossenen Kreis der Trauer und der lähmenden Passivität ohne Mühe heraus- und in den Kreis der Freude und des strahlenden Optimismus hineinzutreten, geht es uns gut.

❀ Ganz gleich wie sich die Umstände ändern und versuchen, dich in den Einflussbereich anderer Menschen zu ziehen, kapituliere nicht! Sei du selbst!

❀ Es ist wichtig, dass wir uns mit allen Umständen arrangieren. Du hast dein Glück selbst in der Hand. Akzeptiere niemals die Niederlage, die Unterwerfung oder die Kapitulation.

❀ Die Mäßigung, die Akzeptanz und der Respekt vor anderen Meinungen und die Überzeugung, dass jede Meinung richtig oder falsch sein kann, sind Grundsätze des friedlichen Zusammenlebens in allen Gesellschaften.

❀ Wenn alle nach dem Grundsatz „Ihr habt eure Religion und ich meine." (Sure 109/6) leben würden, wenn alle darin übereinstimmten, dass das Urteil über Paradies oder Hölle nur in Gottes Hand liegt und dass kein Mensch über die anderen Menschen urteilen darf, dann würden wir in Frieden leben.

❀ Im Wandel der Zeiten brauchen wir den religiösen Dialog der Jugendlichen mit anderen Glaubensgemeinschaften, um eine neue Generation zu erziehen, die die Andersartigkeit akzeptiert und damit leben kann. Es darf nicht mehr gelten: „Wenn du nicht mit mir bist, dann bist du gegen mich."

❀ Zu den schönen Eigenschaften des Menschen gehören die unverstellte, sanfte, weiche Stimme der Frau und die tiefe, ruhige Stimme des Mannes.

❀ Die Dichtung, ein glänzender Einfall und das wohl gewählte Wort sind nur einige Ausdrucksformen der Schönheit, die die Eleganz der Persönlichkeit unterstreichen.

❀ Es wäre schön, wenn die Leute davon überzeugt wären, dass Samenkörner der Moral, die in jungen Jahren in die Seele gepflanzt werden, in Form von gutem Benehmen und Frömmigkeit Frucht bringen, ohne dass Kontrolle notwendig ist.

❀ Was am Tod schmerzt, ist die Sehnsucht nach dem geliebten Körper, der als Behältnis der Seele für eine bestimmte Zeit unter uns war. Würden wir nur kurz nachdenken, würden wir begreifen, dass die Seele unsterblich ist.

❀ Wir irren uns, wenn wir den Tod mit dem Dahinschwinden gleichsetzen. Denn der Tod ist eine Neugeburt und ein Leben in Freude, das nicht aufhört, wenn man ein gläubiges Herz hat.

❀ Wir suchen bei Gott Schutz vor der Gewalt und den Teufeln in Menschengestalt, die im Leben friedliebender Menschen Unheil stiften.

❀ Die innere Stimme ist ehrlich. Sie schmeichelt nicht und zwängt uns nicht in soziale Konventionen. Diese Stimme mahnt zur Verantwortung bei unseren Entscheidungen, die jeder individuell trifft.

❀ Wenn du den Menschen findest, der dir das zugesteht, was er für sich selbst beansprucht, der dir in allen deinen guten und schlechten Launen zugewandt ist, der dir mehr in schlechten Zeiten als ihn guten Zeiten zur Seite steht, dann hast du den wahren Geliebten gefunden. Halt an ihm fest und gib ihn niemals auf!

❀ Die Macht der Frau ist wie ein zarter, eleganter Schal aus festen, seidenen Fäden, die nicht reißen und keine Schwäche zeigen.

✺ Die schönste Trauer ist die tanzende Trauer, bei der über den Abschied geweint wird, während man zur Melodie der Gewissheit des Wiedersehens tanzt.

✺ Die Sehnsucht ist eine traurige Melodie, die von einer orientalischen Flöte gespielt wird Während diese Melodie das Herz entzückt, weint das Gemüt vor Leidenschaft.

✺ Durch die Stunden des Abwartens laufen wir barfuß auf dem dornigen Weg der Sehnsucht. Durch die Jahre der Leidenschaft laufen wir voller Hoffnung auf ein Wiedersehen, das die blutenden Wunden heilen möge.

✺ Du und ich verdursten vor Geduld. Wir halten mitten auf der Strecke der Sehnsucht. Wir stillen unseren Durst mit dem Klang einer Stimme und dem Betrachten eines Schattens und hoffen auf ein baldiges Wiedersehen.

✺ Die Strecke der Geduld ist so lang geworden, dass die Ader meines Abwartens von der Hitze der Leidenschaft ausgetrocknet ist. Ich wiederhole immer wieder: „Gott verkürze die Zeit bis zum Wiedersehen und vermindere die Leiden der Sehnsucht!"

✺ Die Uhrenzeiger vergiften mich, während ich durch die Wüste der Sehnsucht ohne die Schuhe der Geduld laufe. Ich wünsche, dass der Weg des Abwartens kürzer wird.

✺ Das Fliegen, die Nacht und das Reisen sind eine Verlockung für die trägen Gefühle. Sie können zur Meditation verführt werden. Mit einem Boot aus umfassender Liebe würden sie aufs Meer fahren, bis sie im Hafen der Dankbarkeit für Gottes Gaben anlegen.

✺ Gärten sind kleine Paradiese. Sie spornen uns mit wunderbaren Gefühlen an, noch mehr danach zu streben, Gott zu gefallen, um einen Platz im Paradies zu erhalten. Das ewige Paradies ist schöner, als man es sich jemals erträumen kann.

❂ Wie schön wäre es, wenn wir jeden Tag im Leben ein Fest feierten!

❂ Deine Stimme, die die Leidenschaft der Liebe aus dem tiefen Brunnen der Sehnsucht schöpft, macht mich stolz, dass ich die einzige Frau in deinem Herzen bin. Die Schläge deines Herzens spielen für mich die Melodie der Ewigkeit.

❂ Mitten in der Sehnsucht hält die Hoffnung den Atem an. Dann legt das gespannte Abwarten im Café der Illusion eine Pause ein. Ich trinke den frisch gebrühten Kaffee der Tagträume, um die Geduld zu wecken bevor ich einschlafe.

❂ Die mutigen Augen, die das Zögern der Zunge überwinden, tragen die Botschaften des liebenden Herzens, die ihren Ausdruck in Liebespoesie verdient hätten.

❂ Der Glaube ist die Quelle der Heilung. Aus dem Glauben kommen tausende Heilmittel, die wir zur Behandlung von Krankheiten einsetzen können.

❂ Der gemeinsame Urlaub mit den Eltern macht den Kindern Freude. Ein Lachen aus dem Herzen der Kinder belohnt die Eltern, wie auch Gott sie belohnen wird.

❂ Uns geht es gut, solange wir daran glauben, dass es uns gut geht, ganz gleich welche Erfahrungen und Fehltritte uns auf dem Lebensweg wiederfahren und welche Enttäuschungen uns begegnen. Wenn wir wollen, dass es uns gut geht, geht es uns gut.

❂ Uns geht es gut, solange wir den gegenwärtigen Moment leben und die Liebe und die Freude, die der Liebe entspringt, auskosten. Wir arbeiten gelassen und sorgen uns nicht um das Morgen. Wir legen unsere Angelegenheiten in die Hände Gottes, der über alles waltet.

❂ Uns geht es gut, solange wir jeden, ob bekannt oder unbekannt, mit einem Lächeln grüßen. Wir schenken dieses Lächeln als

Ausdruck der Freundschaft und des Friedens. Dann wird es mit Respekt und Anerkennung von den Menschen sowie Liebe und Vergebung von Gott erwidert.

❂ Uns geht es gut, solange wir davon überzeugt sind, dass „Uns nur treffen(wird), was Gott uns bestimmt hat" (Sure 9/51). Nichts anderes als Güte und Glückseligkeit wird uns von einem Gott kommen, auf den wir vertrauen.

❂ Uns geht es gut, solange wir unsere Herzen von dem Schmutz des Hasses und des schwarzen Neides mit der weißen, reinen Liebe reinigen und mit dem Wohlgeruch der Toleranz versehen.

❂ Wenn es uns mit einem gottgefälligen Leben Ernst ist, dann sollen wir fröhlich sein und lächeln. Wer sein Leben verbittert und traurig verbringt, der glaubt nicht an einen fröhlichen Gott, wie er in den Sprüchen des Propheten bezeugt ist.

❂ Die Terroristen zu allen Zeiten und an allen Orten lieben Gott nicht. Sie sind psychisch krank. Sie lieben die Macht und die Prahlerei. Sie haben sich für den Weg des Bösen entschieden, weil dieser schneller ist. Diejenigen, die Gott lieben, streben nicht nach Mord und Zerstörung auf Erden.

❂ Zauberhaft ist der Abend, der eine Kette voller Diamanten mit dem Feuer funkelnder Sehnsucht trägt.

❂ Gott! Du weißt besser, was in meinem Herzen ist und wonach sich meine Seele sehnt. Es sind Wünsche aus einer Welt des Glücks und einem Jenseits voller Erfüllung und Glückseligkeit. Gott, nehme meine Arbeit an und tue mir Gutes im Diesseits und im Jenseits.

❂ Der Glaube schenkt dem Gläubigen das schönste Gefühl der Geborgenheit und der Sorgenfreiheit. In der Dunkelheit seiner Seele verleiht ihm der Glaube eine leuchtende Spiritualität und die

Zuversicht, dass Gott bei den Menschen ist, deren Herzen mit ihm verbunden sind.

⬡ Zu Barmherzigkeit, Wohlstand und Gesundheit sowie zu allen Toren des Guten hat Gott alleine den richtigen Schlüssel. Wer diese Wohltaten aber bei jemand anderem als Gott sucht, der hat alle Schlüssel verloren.

⬡ Die Zufriedenheit mit dem, was Allah uns gibt, und die Genügsamkeit öffnen uns die Tore für alles Gute. Wir brauchen nur „Dank sei Dir Gott" zu sagen.

⬡ In der Hitze der Ratlosigkeit tritt die Unbeschwertheit und beschwichtigt die Herzen, die Gott zugewandt sind. In den Gärten des Glücks breitet sie über den gegenwärtigen Moment einen Teppich der Freude und lässt die Sorgen vergessen.

⬡ Mit den zarten Lichtstrahlen, die den Anbruch des Tages schmücken, lächelt das Universums und zeigt seine Freude über die Geburt eines neuen Tages. Wir sollen uns mit ihm freuen und ihm gratulieren. Wir sollen dem Neugeborenen den Namen Gottes ins Ohr flüstern und ihm den Namen ‚Neue Hoffnung' geben.

⬡ Wie schön ist der Fluss der Freudentränen nach all den schwarzen Wolken, die sich mitten im Himmel der Seele verdichtet haben .

⬡ Nur indem wir die Augen nicht davor verschließen, wenn Jugendliche und Ignoranten vom rechten Weg abweichen, können wir ihnen helfen. Wir müssen unsere Kinder davor schützen, in die Hände der Seelenfänger zu fallen, die Geist und Verstand manipulieren und für ihre Zwecke missbrauchen.

⬡ Unser Problem liegt darin, dass wir den Wandel der verschiedenen Lebensphasen unserer Kinder nicht kennen. Wir fordern sie auf, im Alter der Leichtfertigkeit doch vollkommen zu sein. Somit schließen wir die Tore des Verständnisses, die dann von dem Teufel des Terrorismus geöffnet werden.

❂ Die intellektuelle, unabhängige Persönlichkeit, die keinen blinden Gehorsam kennt, wird in einem Elternhaus mit starken emotionalen Bindungen herangebildet. Kennzeichnend für ein solches Elternhaus ist auch, dass alle Themen trotz aller Meinungsverschiedenheiten angesprochen werden.

❂ Der Jihad[6], der die Sprache des Tötens und der Barbarei spricht, hat in unserem Zeitalter ausgedient. Was wir brauchen, ist der Jihad, der uns nach Wissen und nach tieferer Erkenntnis streben lässt, damit wir die Zerstörer vertreiben und Frieden auf Erden sichern können.

❂ Er glaubt den Lügen der Teufel in Menschengestalt und sprengt sich in die Luft, weil er Sehnsucht nach den Huris hat. Er vergisst dabei, dass die Strafe des gerechten Gottes ihn in das ewige Höllenfeuer stürzen wird.

❂ Im Leid der Kriege und Krisen, in denen wir jetzt leben, ist der Frieden zum Ziel und Zweck der gesamten Welt geworden. Aber wir werden ihn erst dann erreichen, wenn Sicherheit und Frieden in die Herzen des Einzelnen, der Gruppen und dann der Gemeinschaft eingezogen sind.

❂ Weil er bei mir ist, gibt es keinen Spielraum für Träume. Meine Wahrheit liegt jetzt in diesem ewigen Moment.

❂ Weil er bei mir ist, sind alle anderen in Vergessenheit geraten. Nur die Erinnerung an ihn wird ewig sein.

❂ Weil er bei mir ist, bin ich zur Königin auf dem Thron der Liebe gekrönt worden. Ich erteile Befehle und Gebote, weil ich über sein Reich regiere. Er folgt mir freiwillig aus Liebe.

---

[6] Jihad bedeutet wörtlich ‚die Anstrengung'. (Anm. d. Übersetzers)

❀ Weil er bei mir ist verirrten sich alle anderen und vergaßen alles was richtig ist.

❀ Weil er bei mir ist, haben viele Verrückte um mich herum den Verstand verloren.

❀ Weil er bei mir ist, ist meine Vergangenheit gestorben, meine Zukunft in Vergessenheit geraten. Ein Moment, der ein ganzes Leben aufwiegt, wurde geboren. Ich lebe ihn aus Freude darüber, dass es ihn gibt.

❀ Weil er bei mir ist, ist mein Tag ohne Dunkelheit und voller nicht enden wollender Glückseligkeit.

❀ Weil er bei mir ist, lebt in mir die Glückseligkeit, die ich auskoste.

❀ Weil er bei mir ist, sorge ich mich nicht mehr um mich selbst.

❀ Er verfügt über alles. Er ist Allah, der sich verpflichtet hat, unsere Sorgen zu tragen. Sein Versprechen wird nie gebrochen. Wovor haben wir Angst?

❀ Die Geduld hat ihre Grenzen, wie alles andere. Der geduldige Mensch verfügt über ein bestimmtes Maß an Kraft, das berücksichtigt werden muss.

❀ Wer sich auf Gott verlässt und sich dennoch anstrengt, nimmt den kürzesten Weg zum Gelingen. Wer sich auf Menschen verlässt, der wird enttäuscht werden.

❀ Die schlimmsten Menschen sind die Einfallslosen. Sie versuchen, dein Erfolgsrezept ohne eigenes Dazutun zu kopieren und hoffen, das zu erreichen, was du erreicht hast. Trotz all dem kritisieren sie dich und lästern über dich.

❀ Die Botschaften des Himmels, die Gott, der Erhabene, von seinem Thron herabschickt, entspringen seiner Fürsorge. Sie werden von aufmerksamen Menschen verstanden. Aber diejenigen, die sich von Äußerlichkeiten ablenken lassen statt zu der tieferen Bedeutung der Botschaften vorzudringen, können sie nicht verstehen.

✿ Ich habe eine Seele und Gefühle genau wie du. Ich bin ein Mensch wie du und empfinde Schmerzen ganz unabhängig von meiner Religion, meiner Konfession oder meinem Geschlecht. Seid gnädig zu den Menschen auf Erden, damit auch Gott im Himmel euch gnädig sein wird.

✿ Der Islam des Friedens hat nichts mit der Ermordung friedlicher Menschen mit der Waffe des verhassten Konfessionalismus zu tun.

✿ Der Mensch leidet an Entbehrung, der, aus Angst vor Kritik, nur an der Erfüllung fremder Wünsche Freude empfindet und dabei die Tiefe der Freude, die seinen eigenen Wünschen entspringt, nicht erlebt.

✿ Das Versprechen Gottes, des Herrschers, des Gebers, bedeutet nicht, dass wir anderen nicht versprechen sollen, so viel zu geben, wie sie benötigen. Deshalb bin ich zuversichtlich, dass ich die Gaben Gottes empfangen kann, ohne dass dies zu Konflikten führt oder hasserfüllten Neid aufkommen lässt.

✿ Das Gelingen liegt allein in den Händen Gottes. Die Umstände und die Mitmenschen sind lediglich Werkzeuge, die uns Gott am richtigen Moment zur Seite stellt oder auch nicht. Was auch geschieht, alles geschieht in unserem Interesse.

✿ Das Fasten des Körpers findet nicht den Beifall Gottes, solange unser Mund nicht aufhört, über Menschen zu lästern sowie ihr privates Leben und ihre Geheimnisse auszuplaudern.

✿ Ramadan lehrt uns, dass ein Schluck Wasser oder ein Stück Brot dem Durstenden und Hungernden wie ein Vermögen vorkommen muss. Oh Gott, bewahre deine Gaben für uns und lass uns eine Brücke der Hilfe für die Bedürftigen bauen.

❁ Hunger und Durst lehren uns, dass die Entbehrung des Essens und Trinkens lediglich ein Aspekt des Fastens ist. Es geht hier vielmehr um den Verzicht auf Streit, Hass, Überheblichkeit und Arroganz. Das ist das wahre Ziel des Fastens.

❁ Der Koran ist ein erfrischendes Wasser, das die ausgetrockneten Bachläufe der Sorgenfreiheit jedes Mal neu füllt, wenn wir ihn aufmerksam lesen und uns mit Freude seine Bedeutung vor Augen führen.

❁ Der wahre Hunger ist der Hunger der Herzen nach reinen Absichten. Und der wirkliche Durst ist der Durst der Seelen nach Geborgenheit und Frieden.

❁ Wenn in den Ferien sowohl der Spaß als auch der Nutzen ihren Raum haben, erhebt sich die Seele und die Zeit wird voller Freude verbracht.

❁ Gott hat uns geschaffen, damit wir zu seinem Statthalter auf Erden werden und die Erde mit Liebe, Schönheit und Frieden erfüllen. Er hat uns keine Vollmacht erteilt, über Menschen zu urteilen oder ihr Leben im Namen des Barmherzigen und Gnädigen zu verkürzen.

❁ Die Ohrfeige des Verrats, die ich erhielt, und das Paradies unserer Tugend müssen uns Vorsicht lehren. Gleichzeitig müssen wir auch weiterhin die Barmherzigkeit in die leeren Gläser füllen, damit die Bedürftigen daraus trinken können.

❁ Den spätnächtlichen Kaffee kann nur der Mensch genießen, der seine schlaflose Nacht versüßen möchte.

❁ Was würde ich machen, wenn ich den Schlüssel fände, mit dem ich aus der Gefangenschaft deines Herzens fliehen und ins Exil gehen könnte? Was denkst du: Würde ich dann meine Freiheit außerhalb der Mauer deiner Liebe genießen? Oder würde ich in das Gefängnis deiner Liebe zurückkehren?

⚜ Was passiert, wenn wir die Überlegung des „Was passiert wenn?" ignorieren und das machen würden, was wir immer machen wollten, bevor ein Leben der verpassten Chancen voller Reue zu Ende geht?

⚜ Der Kaffee der Nachteulen weckt die Gefühle, die im Herzen hinter Gittern gefangen gehalten werden, nachdem der Verstand tief in den Brunnen des Schlafes gefallen ist.

⚜ Die Dinge, die wir beide im Traum teilen, sind meine schönste Realität und lassen mich das Glück des Moments genießen.

⚜ Zwischen dem Verstand und dem Herz gibt es eine Distanz, die wir bekämpfen und die gegen uns kämpft.

⚜ Die starke Frau ist ein Mensch mit den zartesten Gefühlen. Sie trägt jedoch einen Schild, der sie vor den Pfeilen unbarmherziger Menschen schützt.

⚜ Bittgebete und ein Gotteslob vor Prüfungen oder in Situationen, in denen die Erinnerung versagt, weisen dem Gedächtnis den Weg zu den verlorenen Informationen.

⚜ An diejenigen, die die Zeit verloren haben und nicht aus Erfahrung lernen konnten! Ich sage euch Folgendes: Seid nicht traurig und macht euch keine Sorgen. Gott wird mit seiner Barmherzigkeit und seiner Großzügigkeit bei euch sein und ihr werdet die richtigen Antworten finden.

⚜ Durch deine Expeditionen in meine Seele wirst du umfangreiches Wissen erlangen, das die Dunkelheit um dich herum vertreiben wird.

⚜ Vielleicht scheitert ein Schüler trotz Fleiß und Anstrengung. Deshalb sei nicht traurig und mach dir keine Sorgen! Vielleicht ist das der Beginn eines noch größeren Erfolges!

❂ Lösche nach der Prüfung aus deinem Gedächtnis alles, was du gut oder schlecht in dem Fach des Tages gemacht hast! Lerne für das nächste Fach mit einem frischen Gedächtnis!

❂ Das Geheimnis der äußeren Schönheit liegt in einer schönen Seele!

❂ Scheitern und Misserfolg sind nicht das Ende der Welt! Vielleicht markieren sie den Beginn des Weges zum Erfolg, den man ohne Bevormundung durch andere einschlägt!

❂ Die Unversehrtheit des Lebens, des Eigentums und der Heimat ist das Recht eines jedes Menschen unabhängig seines Geschlechts, seiner Hautfarbe oder seiner Religion.

❂ Wir machen einen Fehler, wenn wir unsere Kinder mit religiösen Pflichten überfordern und ihre Geduld überstrapazieren. Es reicht schon aus, wenn wir ihnen Tugenden vermitteln und ihnen ein Vorbild für gute Taten sind, damit sie auch in Zukunft den Weg zur Frömmigkeit finden.

❂ Wenn mein kleiner Sohn Interesse am Freitagsgebet zeigt, ohne dass ich ihn dazu gedrängt habe, stimmt es mich zuversichtlich, dass der Samenkern des Guten nur gegossen werden muss und dass er nur ausreichend Zeit zum Wachsen braucht, die wir ihm ohne Strenge oder Ungeduld zugestehen sollen.

❂ Die kleinen Dinge, mit denen du mich erfreust, bewahre ich als guten Vorrat. Jedes Mal, wenn ich die Süße der Erinnerungen koste, zehre ich daran.

❂ Das gute Gedächtnis bewahrt die schönen Dinge und die glücklichen Momente, die wir warm und lebendig halten wollen, wenn wir sie der Kälte einer toten Vergangenheit entreißen.

❂ Unsere gemeinsamen Träume sind meine schönste Realität, die mich den Duft des Augenblicks genießen lassen.

❂ Der Mond ist ein weißes Muttermal an der Wange der schwarzen Nacht. Er zeigt uns, dass Gott in seiner Barmherzigkeit uns immer ein Licht am Ende jedes Tunnels gesetzt hat, das die Finsternis durchbrechen kann.

❂ Wie erhaben und wie gnädig bist Du, Gott! Wer an diesen großen Gott glaubt, der braucht keine Angst zu haben. Packt eure Sorgen in die Koffer der Bittgebete und schlaft auf Kissen der Sorgenfreiheit!

❂ Zu den schönsten Aussagen, die ich kenne, gehört folgende: Die Religion ist Liebe, Freude und Leben.

❂ Nichts stiehlt uns die Freude am gegenwärtigen Moment mehr als das Nachdenken über eine Zukunft, die sich auf die zerbrechlichen, lückenhaften Erinnerungen der Vergangenheit stützt.

❂ Vor allem die Mutter ist die Person, die ihre Ruhe für die Bequemlichkeit ihrer Kinder opfert.

❂ Wir umhüllen unsere Herzen mit der glänzenden Folie der Liebe, um den zu belohnen, der mit Herz, Hand und Mund einen Schild geformt hat, der uns vor dem Neid der Neider und dem Unrecht der Ungerechten schützt.

❂ Nichts ist schöner als die Masken der Täuschung und des schönen Scheins abzulegen und ganz man selbst zu sein, ohne anderen nachzueifern. Wer das nicht tut, gleicht dem Raben, der seinen eigenen Gang verlernte, als er den Gang der Taube nachahmen wollte.

❂ Manche Menschen sind eine Gnade des Allmächtigen. Er schickt sie zu dir mit dem Schlüssel, der dich aus dem Bann der Krisen befreit. Der Schlüssel zur Lösung schließt das Tor der Krise auf, auch wenn wir dachten, es ließe sich nicht öffnen.

✿ Gelobt sei Gott für die Gabe der Herzen, die gemeinsam mit mir Gott umarmen. Sie geben mir viel Liebe, die mich sehr glücklich macht.

✿ Ich spaziere am Strand deines Herzens barfuß. Ich bin zuversichtlich, dass deine Treue frei von den Glasscherben der Untreue ist, die die Füße meines festen Vertrauens in dich verletzen könnten.

✿ Tadel entspringt einer Liebesleidenschaft, die eine große Enttäuschung erlebt hat und ihren Zorn zum Ausdruck bringen will.

✿ Gott schickt dir als Lichtblick in die Dunkelheit deiner Müdigkeit einen warmherzigen Mensch auf deinen Lebensweg. Gott verdient, dass du ihm deine drängenden Bittgebete auf einem Tablett der Dankbarkeit reichst.

✿ Der Schwamm des Verständnisses nimmt unsere negativen Gefühle, die sich bei unseren Wutausbrüchen offenbaren, mit erstaunlicher Saugkraft auf. Das sind warmherzige Gefühle, die wir vor der Kälte der Trennung schützen sollen.

✿ Kein Mensch auf der Erde gleicht dem Vater. Er lässt die Qualen des Lebens in seiner liebevollen Umarmung aufgehen. Da schmelzen die Sorgen zu Tränen, die aus den Augen fallen, um die Seele zu verlassen.

✿ Keiner bewirft die hohen Palmen mit Steinen außer demjenigen, der unter Neid und Minderwertigkeitsgefühlen leidet. Er versucht, hohe Ambitionen anderer zu schmälern. Aber sein Stein fällt auf ihn zurück. Die ehrgeizigen Menschen aber erhalten die süßen Früchte.

✿ „Verkünde den Standhaften frohe Botschaft!" (Sure 2/156) Das ist ein Versprechen Gottes, das nicht rückgängig gemacht oder verraten werden kann. Allein die frohen Botschaften Gottes lassen uns ruhig und ohne Furcht vor Schaden schlafen.

❖ „Oh, Allah!" Wenn man die Anrede ausspricht, öffnen sich die Gefängnistore der Brust, um alle Sorgen der Seele freizulassen. Die Freude kommt heraus, um voller Sehnsucht das Glück des Lebens nach langer Abwesenheit zu umarmen.

❖ Kein Wunder, dass dich die Geschosse des Grolls und die Pfeile des Neids treffen! Denn du bist jemand, der selbstbewusst in Richtung Vollkommenheit schreitet!

❖ Die Frau, die schwierige Situationen meistert und das nahezu Unmögliche schafft, lässt die Konkurrenz der anderen Frauen hinter sich. Ihre annähernde Vollkommenheit nimmt anderen Frauen den Platz in seinem Herzen. Deshalb sind die Frauen auf sie eifersüchtig.

❖ Es ist unmöglich, jene glücklichen Momente zurückzuholen, die mit den Menschen, mit denen wir sie erlebten, zu Grabe getragen wurden. Aber Gott war gnädig mit uns und ließ uns die Erinnerung. Unsere Sehnsucht lässt sie jederzeit wieder aufleben.

❖ Die Liebe zu einem Geliebten kann alt werden und verblassen. Aber die Liebe der Mutter zu ihren Kindern bleibt immer jung und altert nie.

❖ Lieber Gott! Du bist der Einzige, der weiß, in welchen Winkeln des Lebens Du Gaben für mich bereithältst. Gib mir die Fähigkeit, sie durch meine Augen und meinen Verstand zu erkennen.

❖ Gott hat das Universum in unübertrefflicher Schönheit geschaffen. Diese Schönheit ist so überwältigend, dass sie jede Hässlichkeit in den Schatten stellt. Wenn man sich dessen bewusst ist, sieht man nur eine schöne Welt.

❖ Was sagt mir die Nacht?
Sie flüstert mir zu, dass die Nachteulen ihre Freunde sind. Sie lädt sie am Spätabend ein, auf einem Teppich der Ruhe zu meditieren.

✿ Was sagt mir die Nacht?

Sie erzählt mir, dass wenn die Dunkelheit ihre schwarzen Vorhänge zuzieht, sich die Knöpfe des erstickenden Schweigens öffnen und süße Buchstaben und reine Worte entlassen.

✿ Ich werde an die Wände der Verliebten folgendes schreiben:
Das Herz, das sich nach Ehrlichkeit und Treue sehnt, ist ein wertvoller Schatz. Auf ein solches Herz zu verzichten, macht nur ein leichtsinniger, achtloser Mensch.

✿ Die Unschuld der Kindheit bleibt unbefleckt und wird nicht durch die Gewalt der Kriege beschmutzt.

✿ Die Freude ist heller als die Dunkelheit der Sorgen dunkel ist. Die Not kann nicht über die beiden Erleichterungen siegen, die Gott den Menschen versprochen hat.[7]

✿ Die Schreie der Schmerzen und die Klagelaute, die in den Warteräumen der Krankenhäuser zu hören sind, lassen uns Gott für die Gabe der Gesundheit danken und ihn bitten, uns weiterhin Gesundheit zu schenken.

✿ Eine fröhliche Miene bringt das schönste Lächeln hervor, das der beste Botschafter des guten Willens unter den Menschen ist.

✿ Die Nervosität ist eine Krankheit, deren Nebenwirkungen die Gewaltbereitschaft ist. Wir sollen der Angelegenheit weise und ohne kontraproduktive Strenge begegnen.

✿ Fordert eure Kinder am Morgen nicht auf, ruhig zu sein, wenn ihr selbst Nervenbündel seid.

✿ Das Verhalten unserer Kinder ist nichts anderes als eine Spiegelung unseres Verhaltens. Deshalb sollen wir uns vor ihnen so verhalten, wie wir es von ihnen im Umgang mit uns und anderen Menschen erwarten.

---

[7] Vgl. Sure 94/ 5-6.

❊ Die Augen sind ein treuer Bote, der die Gespräche der verliebten Herzen in Form der Blicke übermittelt.

❊ Die Gespräche der Augen sind ehrlicher und süßer als die Rede der Zungen.

❊ Die Frau hat Gefühle, die die Männer kaum verstehen können.

❊ Der Sonnenuntergang ist wie ein Kuss der Dankbarkeit auf den Mund des Morgens, der uns freundlich anlächelt. Die Wangen des Himmels erröten dabei vor Scham.

❊ Mancher Zufall, der unerwartet an die Türen des Herzens klopft, lässt die Freude eintreten und sich für lange Zeit dort niederlassen.

❊ Die Sehnsucht ist die Diktatur der Leidenschaft. Sie quält uns ohne Gnade und lässt uns um einen Blick oder wenigstens um ein Wort des Geliebten betteln.

❊ Die gelbe Linie ist die schönste Linie und die Linie, die am schnellsten zum Ziel führt.

❊ Der Geruch des Regens ist einer der Düfte der Erde, die die Seele erfreuen.

❊ Druck führt zur Explosion und die Explosion führt zur Zerstörung. Deshalb ist es gut, in der Erziehung unserer Kinder folgenden Grundsatz zu beachten: Weder Übertreibung noch Nachlässigkeit.

❊ Der faule Mensch wird uns schnell eine Erfindung bescheren, die zum Genuss der Ruhe verhilft.

❊ Die finanzielle Sicherheit und die richtungsweisende Erziehung sind nicht alles, was Kinder brauchen. Unsere Kinder brauchen Liebe und besondere Geborgenheit, die nur die Eltern geben können.

❁ Die Rechte der Kinder sind umfassender und bedeutender, als dass man sie im Stress des Alltags vergessen sollte. Unsere Kinder haben das Recht auf eine angemessene Entschädigung für die Zeit, die wir mit unserer Arbeit beschäftigt und von ihnen abgelenkt waren.

❁ Die Weisungen des Verstandes an das Herz schützt es vor dem Betrug der Lügner und dem Schwindel der Heuchler.

❁ Wenn ein schlechter Mensch dich beleidigt, sieh es als Zeugnis deiner Rechtschaffenheit und danke Gott für diese Auszeichnung. Erinnere dich immer daran, dass sich ein Berg nicht durch den Wind erschüttern lässt.

❁ Es ist falsch, wenn wir tief in den Brunnen der kummervollen Gedanken tauchen, um die bittere Ratlosigkeit zu trinken, während uns Gott das Gefühl der Freude schenkt.

❁ Eine Beleidigung nicht zu erwidern, ist nicht nur ein vornehmes Verhalten. Es ist auch eine schmerzhafte Ohrfeige auf die Wange der Schmähungen mit der Hand der Missachtung.

❁ Die Genügsamkeit und der Glaube an das Schicksal, ob gut oder schlecht, sind der Schlüssel zu allem Guten.

❁ Während wir glücklich sind, dass Gott uns zum Sieg verholfen hat, sollen wir nicht aufhören, für jene Menschen zu beten, die ihr Leben für Gottes Sache und zu unserem Schutz geopfert haben.

❁ Der wohlschmeckendste Kaffee wird auf dem Feuer der Sehnsucht gebraut. Wir trinken seine Worte der Glückseligkeit bis zum letzten Buchstaben.

❁ Während der Stunden des Wartens erteilen die Gespräche mit Fremden, deren Namen wir nicht einmal kennen, die ehrlichsten Lektionen des Lebens. Diese Gespräche verlaufen spontan und sind frei von Verstellung.

❖ Es kommt vor, dass sich der Morgen für uns ein schönes Gewand anlegt. Dann erfasst uns seine Schönheit mit einer Strahlkraft, die uns fröhlich singen lässt.

❖ Warten ist eine schwierige Prüfung. Aber Gott sagt: „Doch schön standhaft. Gott wird zur Hilfe gerufen." (Sure 12/18)

❖ Die Entfernung des Ortes ist nichts anderes als ein verlogener Vorwand, mit dem das verlassende Herz seine Absicht zur Trennung rechtfertigt.

❖ Wie kann ich auf die hartnäckigen Fragen meines Herzens antworten, wenn es fragt: Ob und Wann? Ich weiß es nicht. Alles, was ich weiß, ist, dass ich noch am Leben bin und warte.

❖ Reisen ist eine vorübergehende Flucht, die man ergreift, wenn man der Verantwortung überdrüssig ist.

❖ Ich weiß nicht, ob uns die Ferne verschmelzen lässt oder ob wir die Ferne schmelzen lassen.

❖ Wie viele Genüsse waren verloren, bevor wir sie in unseren Reisekoffern gefunden haben!

❖ Verpasste Gelegenheiten sind die Ausrede der Versager. Gelegenheiten werden immer wieder geboren. Sie sterben nie aus.

❖ Da wir Menschen sind, machen wir auch Fehler. Wenn wir versuchen, die Reinheit der Engel zu erreichen, würden wir den Weg verlieren. Besser ist es zwar, Fehler zu vermeiden, aber selbst wenn sie geschehen, ist Gottes Barmherzigkeit groß und er nimmt die Reue an.

❖ Der Kaffee am Samstag:
Geschmack des süßen Nichtstuns. Der Kaffee erfüllt den Körper mit einer wohligen Trägheit. Wir spüren die Wärme der Gefühle, die die erstarrte Freude wiederbeleben.

❖ Tyrannei in allen Formen gebiert Unrecht und zeugt von Rückständigkeit. Allah aber hat uns zu einer Nation der Mitte gemacht. Er hat uns angewiesen, unser Handeln gemeinsam zu beraten, damit wir auf dem rechten Weg bleiben, den die Ordnung des Lebens weist.

❖ Die Moral hängt nicht mit Reichtum oder mit einer sozialen Schicht zusammen. Gute und schlechte Menschen gibt es überall.

❖ Es ist erstaunlich, dass manche Menschen durch ihren Reichtum zu Despoten werden. Moral kann nicht durch Geld erkauft werden. Einfache Menschen haben nicht das Monopol auf unmoralisches Verhalten.

❖ „Die Reinigung des Weges vom Unrat ist eine gute Tat."[8] Wie geizig muss man sein, um sich die Belohnung nicht zu gönnen, die darin besteht, lediglich nicht auf den Bürgersteig zu spucken, auf dem die Menschen laufen.

❖ Die Erinnerung an dich, die im Gedächtnis meines Herzens aufbewahrt wird, ist der Stoff, aus dem ich mir eine warme Jacke genäht habe. Ich ziehe sie an, wenn die Kälte der Sehnsucht zu eisig wird.

❖ Wenn ich für mein Versagen keinen Raum der Geduld mehr finde, stirbt die Hoffnung.

❖ Es reicht, wenn du und ich alleine sind. Ich kann all den Lärm und Krach der Welt nicht ertragen.

❖ Im Paradies genieße ich die Leere meines Herzens, aus dem die Leidenschaft für dich verbannt wurde, während meine Eifersucht in mir wie ein Feuer brennt. Unerklärliche Gegensätze, die mich wie Engel und Teufel zwischen sich hin- und herziehen.

---

[8] Spruch des Propheten

✻ Mein Herz wandert in einem Tal voller Glückseligkeit. Dort gibt es keinen Raum mehr für Trauer.

✻ Der Zauber der Augen ist eine verlockende Mahlzeit für die Falle des Herzens.

✻ Die lebenden Toten sind wie gelbes, trockenes Herbstlaub. Das frische Laub der Zuneigung wurde trocken und fiel auf den Boden des Verlassens. Kurz darauf wurde es zertreten und durch den Wind der Nichtbeachtung zerstreut.

✻ Uns bleibt nicht genug Zeit, um sie auf dem Bahnsteig des Wartens zu vergeuden.

✻ Du, ich und die Leidenschaft! Wenn wir zusammen sind, beginnt ein erfülltes Leben ohne unerwünschte Müdigkeit.

✻ Für das Gewissen sterben tausende Gelegenheiten und die Unschuld des Lachens wird ermordet. Herzen werden getötet, nur weil sie an den Verrat nicht geglaubt haben.

✻ Die Träume sind Tautropfen der Wünsche auf den Zweigen der Seele. Sie tränken die Wünsche mit Hoffnung.

✻ Nichts ist schöner als ein Lächeln am Morgen, das den Tag voller Optimismus anstrahlt.

✻ Gegen die Unfähigkeit zu sprechen hilft die Offenheit, mit der das Schweigen gebrochen und der Weg zur Versöhnung beschritten werden kann. Dann kann wieder Zuneigung wachsen.

✻ Die Schönheit der Frau wird durch ihr Schamgefühl noch größer. Ein solches Gefühl siegt über jede unverschämte Kühnheit. Die Frau besitzt trotzdem ihre kämpferische Seele, um ihre Spuren auf Erden zu hinterlassen.

✻ Die Schönheit der Frau wird durch ihre Bildung, die Oberflächlichkeit ausschließt, noch größer. Ihre Stärke beeinträchtigt nicht ihre natürliche Sanftheit. Ihre Bescheidenheit und ihre Zärtlichkeit überwinden Unnachgiebigkeit und Überheblichkeit.

❁ Aus medizinischer Sicht:
Der Puls des Herzens = das Leben des Körpers
Aus seelischer Sicht:
Der Puls des Herzens = das Leben der Seele
Deshalb ist das Herz so wichtig. Wer es missachtet, bis der Pulsschlag schwach wird, der begeht einen schwerwiegenden Fehler.

❁ Die Entfernung zwischen den Seelen kann nicht in Längeneinheiten gemessen werden. Die gültige Maßeinheit ist die Schnelligkeit der Reaktion des Herzens auf Freude oder Trauer, die unabhängig von der räumlichen Entfernung erfolgt.

❁ Wir schmecken die Bitterkeit der Ereignisse, damit wir in den Genuss der Erfahrung kommen.

❁ Manche schmerzlichen Momente haben eine heilsame Wirkung. Sie rütteln uns wach, wenn falsche Zärtlichkeit die Sinne einlullt.

❁ Ich bin dankbar für deine Abwesenheit, die mich noch intensiver an dir festhalten lässt. In diesen Momenten spüre ich, dass sich mein Leben ohne dich in einen einsamen Trümmerhaufen verwandelt.

❁ Das Schweigen, das den Neugierigen die Gelegenheit nimmt, ihre Neugier zu befriedigen, ist ein Genuss. Du wirst durch die angenehmen schweigsamen Worte gestärkt.

❁ Es kommt vor, dass wir den Tisch der Sehnsucht mit dem Mahl alter Erinnerungen decken. Während wir langsam essen, versuchen wir, mit ihrem Wohlgeschmack den Hunger des Herzens zu stillen.

❁ Wie wunderbar ist eine Mahlzeit, die die Gefühle anspricht und die Bedürfnisse der Seele erfüllt, die keinen Mangel an Liebe und Zuneigung zurücklässt, wenn das Essen die hungrigen Bäuche füllt.

✤ Der Vater ist der stärkste Halt einer Frau, der sie vor Verletzung schützt, wenn sie in einen gefährlichen Abgrund des Lebens stürzt.

✤ Gott sagt: „Ich bin so, wie der Mensch über mich denkt".[9]
Wie könnten wir Gottes Versprechen vergessen und uns von den Ängsten, die uns der Satan einflüstert, verleiten lassen? Oh Gott! Wir verlassen uns auf Dich und suchen bei Dir Zuflucht vor dem Bösen.

✤ „Binde dein Kamel fest und dann vertraue auf Gott!"[10]
Angst und Zögerlichkeit stehen dem Erfolg im Weg und sind dicke Schlösser, die die Türen zum Guten versperren. Das Gute hat Gott hinter den Türen für den Mutigen aufbewahrt.

✤ Der Glaube an das Schicksal, ob gut oder schlecht, ist ein göttliches Gebot, das uns hilft, den Wandel im Leben, den uns die Philosophie des Lebenszyklus und des Lebenswandels lehrt, mit Gelassenheit zu betrachten.

✤ Höre den Rat der Menschen! Dann frage dein Herz und mache, was du willst!

✤ Oh Gott, Kenner des Verborgenen! Vor Dir bleibt kein Geheimnis unentdeckt und keine Absicht unbekannt. Lass uns hinter die Fassade der heuchlerischen Lügner blicken! Und bewahre uns vor den Menschen, die keine Angst vor Dir und keine Barmherzigkeit mit uns haben.

✤ Das Grübeln über das tote Gestern zerstört die Klarheit des morgendlichen Optimismus und macht die Hoffnung zunichte.

---

[9] Heiliger Hadith
[10] Spruch des Propheten

Der Morgen ist der Neuanfang einer glücklichen Gegenwart und Zukunft, so Gott will.

❁ Wenn wir Gottes Liebe und Barmherzigkeit mehr als die Angst vor seiner Strafe verspüren, so werden wir seinen Geboten gerne Folge leisten und aus Überzeugung achten.

❁ Das Herz braucht hin und wieder eine vorübergehende Pause vom Verstand, um Unsinn in seiner schönsten Form zu treiben.

❁ Wie gehst du mit Erinnerungen um? Ich schneide aus dem schönen Stoff der Erinnerungen fröhliche Kleider, um sie zu tragen und sie mit Gottes Lob zu schmücken. Was die schlechten Erinnerungen angeht, so versuche ich, sie aus meinem Gedächtnis zu löschen und über Bord zu werfen.

❁ Schmerzhafte Erinnerungen sind die Nachwirkungen von Wunden der Enttäuschung. Man muss sie mit einem Verband der Freude und der Hoffnung auf die Zukunft verbinden.

❁ Das Vertrauen auf Gott gilt sowohl im Kleinen als auch im Großen, ganz gleich um welche Tätigkeiten oder Aufgaben es sich handelt.

❁ Es kommt vor, dass Gott unerwartet Menschen an unsere Seite stellt, die engelsgleiche Herzen haben. Das Licht dieser Menschen leuchtet in der Dunkelheit unserer Ratlosigkeit und zeigt uns den kürzesten Weg zum Gelingen.

❁ Ausgelassene Flüge im Taumel der Fröhlichkeit stellen unsere Routine auf den Kopf und tragen uns eine Million Schritte weit weg von der vertrockneten Freude in der Wüste der Langweile.

❁ Wertschätzung und Dankbarkeit lassen den Menschen seine Mühen vergessen, der seine Ruhe geopfert hat, um uns Freude zu bereiten.

❀ Eine liebevolle Umarmung vermittelt das Gefühl von Geborgenheit, wenn man sich fremd fühlt und ängstlich ist.

❀ Da das Wort eine Botschaft übermittelt, sollen unsere Worte gute Botschafter sein. Sie sollen unsere guten Absichten klar zum Ausdruck bringen und uns helfen, enge Beziehungen, die durch gegenseitigen Respekt gekennzeichnet sind, aufzubauen.

❀ In der Nacht des Vollmonds lege ich mich in den Garten der frischen Sehnsucht. Ich pflücke die hängenden Früchte der Verliebtheit von den taunassen Zweigen der Liebe. Ich presse sie bis zu einem Schatten, der wie Wein voller Genüsse für die Verliebten ist.

❀ Verlass dich fest darauf, dass ich bei dir bin! Diese Gewissheit nahm uns die Müdigkeit auf dem gemeinsamen Weg unserer Herzen, den wir langsam in der Mitte des Lebens beschritten.

❀ In der Stille der Nacht wacht mein Herz bei dir und mein Geist ist von deinem Schatten erfüllt, selbst wenn mich die Decke des Schlafs müde werden lässt.

❀ Die Trennung, die die Sehnsucht der Liebenden überstrapaziert, ist eine große Sünde. Denn sie richtet im Land des Herzens Unheil an. Deshalb muss sie in aller Öffentlichkeit auf einem Platz, der von den Gefühlen der Liebe und dem Lärm des Mitleids erfüllt ist, bestraft werden.

❀ Wer in seinem Herzen eine Trauerfeier um jemanden veranstaltet, der ihn im Stich gelassen hat, begeht einen großen Fehler. Für das Jammern hat niemand Verständnis.

❀ Jede Trennung hat einen besonderen Grund. Wenn sie nur von einer Seite veranlasst wurde, dann ist die Sehnsucht der anderen Seite nicht angemessen und ungerecht gegenüber dem verletzten Herz.

✦ Das Fernbleiben ist eine präzise Maßeinheit, die die Fähigkeit des Herzens misst, sich der wilden Sehnsucht tapfer und standhaft zu widersetzen.

✦ Aus der Freude eine vornehme Kunst zu machen, ist eine Fähigkeit, die nicht jeder besitzt.

✦ In der Geschichte von Aschenputtel, wie in vielen Märchen, erscheint die gute Fee, um Hindernisse aus dem Weg zu räumen und die Verliebten zusammenzuführen. In Wirklichkeit aber machen sich die Feen einen Sport daraus, die Herzen der Verliebten zu trennen.

✦ Bevor du hart über jemanden urteilst, überlege: Was würde passieren, wenn du sein Leben auf einer Leinwand nachverfolgen könntest? Würdest du Mitleid mit ihm haben, würdest du von deiner unbarmherzigen Haltung Abstand nehmen und gnädig mit ihm sein?

✦ Die Ehrfurcht, die ich empfinde, wenn ich am Meer sitze, gibt mir das Gefühl, in Gegenwart eines weisen Scheichs zu sein. Ich muss nur reden und meine Probleme aussprechen. Dann verflüchtigt sich die Ratlosigkeit und ich finde die lang ersehnte Lösung.

✦ Die Worte der Menschen sind nichts anderes als das Überfließen dessen, was sich in ihren Seelen gestaut hat. Der Krug der Seele ergießt seinen Inhalt, sei er gut oder schlecht.

✦ Die Sehnsucht ist eine unschuldige Frau, die vom Herzen verführt wurde. Sie befreundet sich mit der Nacht, hört nicht auf, mit den Sternen zu reden und schüttet ihr Herz dem Mond aus.

✦ Mancher Mensch macht aus seinem Schweigen ein Grab, in das er die Überreste seiner Liebe begräbt. Wer ängstlich ist, der wird sein ganzes Leben Bitterkeit schmecken. Schuldgefühle töten die Leidenschaft und verdunkeln die Strahlen der Liebe.

❊ In der Stille der Nacht bleiben die Augen des Herzens wachsam. Sie unterhalten sich mit dem Mond. Sie erzählen ihm über die Freude, die an die Tore des Herzens geklopft hat. Seitdem genießen sie die Wonne der Schlaflosigkeit.

❊ Allein die Kinder haben es verdient, dass man den bitteren Geschmack des Lebens erträgt. Ihr unschuldiges Lächeln, stillt unseren Durst.

❊ Es ist wahr, dass jeder Tag ein Muttertag ist. Aber das heißt nicht, dass es falsch ist, wenn die ganze Welt einen gemeinsamen Muttertag feiert. An diesem Tag vereinen sich alle Bemühungen, gemeinsam die Mütter in Freude und Anerkennung zu feiern.

❊ Das Bemühen der Kinder, ihre Mutter glücklich zu machen, ist das wahre Glück und die große Freude, die alles andere übertrifft. Das ist wirkliche Liebe, die keine Falschheit kennt.

❊ Es kommt vor, dass diese wunderbare Stimmung in einem Taumel der Glückseligkeit mündet, der die Grenzen des Vernünftigen übersteigt. Man springt in eine Landschaft, die der Zauber des Regens zum Erblühen gebracht hat.

❊ Der Regen ist Wasser, das Gott auf die Seelen fallen lässt, die unter Trockenheit leiden. Durch den Regen wird die Hoffnung fruchtbar. Die Freude blüht. Die Felder stehen voll der Ähren des Guten. Der Hunger der Dürrezeiten ist überwunden.

❊ Der morgendliche Regen ist das Lächeln auf dem fröhlichen Gesicht des angebrochenen Tages. Ein Freudengefühl umwirbt die Seele, damit sie ihre Scheu ablegt.

❊ Wenn Gott dich mit vielen gütigen Herzen umgibt, die dich mit warmherzigen Gefühlen überhäufen, ohne dich zu kennen, dann weißt du, dass du auf dem richtigen Weg bist und dass Gott mit dir zufrieden ist.

✿ Wenn ich weiß, dass ich auf dem richtigen Weg bin und dass ich wie eine Königin mit der Krone des Erfolgs gekrönt werde, dann kümmern mich nicht die Stimmen derjenigen, die eifersüchtig sind.

FSC
www.fsc.org
MIX
Papier | Fördert
gute Waldnutzung
FSC® C083411

Zeitfracht Medien GmbH
Ferdinand-Jühlke-Straße 7
99095 Erfurt, Deutschland
produktsicherheit@kolibri360.de